하느님 자비의 일곱 가지 비밀

7 Secrets of Divine Mercy

Vinny Flynn

Copyright © 2015 by Vinny Flynn
Published in 2015 by Ignatius Press, USA
Korean translation copyright © 2018 by ST PAULS, Seoul, Korea

하느님 자비의 일곱 가지 비밀

초판 발행일 2018. 11. 30
1판 2쇄 2019. 11. 5

글쓴이 비니 플린
옮긴이 전경훈
펴낸이 서영주
총편집 황인수
편집 손옥희, 김정희 **디자인** 김안순
제작 김안순 **마케팅** 이창항 **인쇄** 영신사

펴낸곳 성바오로
출판등록 7-93호 1992. 10. 6
주소 서울특별시 강북구 오현로7길 20(미아동)
취급처 성바오로보급소 **전화** 944-8300, 986-1361
팩스 986-1365 **통신판매** 945-2972
E-mail bookclub@paolo.net
인터넷 서점 www.**paolo**.kr
www.facebook.com/stpaulskr

값 15,000원
ISBN 978-89-8015-914-7
교회인가 서울대교구 2018. 8. 27 **SSP** 1065

이 도서의 국립중앙도서관 출판예정도서목록(CIP)은 서지정보유통지원시스템 홈페이지(http://seoji.nl.go.kr)와 국가자료종합목록시스템(http://www.nl.go.kr/kolisnet)에서 이용하실 수 있습니다. (CIP제어번호 : CIP2018037798)

이 책은 저작권법의 보호를 받으므로 무단전재와 무단복제를 금합니다.
이 책 내용의 전부 또는 일부를 재사용하려면 반드시 저작권자와 성바오로출판사의 동의를 얻어야 합니다.

하느님 자비의
일곱 가지 비밀

비니 플린 글 | 전경훈 옮김

하느님 자비를 삶의 방식으로 살아 낸
조지 W. 코시츠키 C. S. B. 신부(1928.7.29.~2014.8.11)를 기리며.
코시츠키 신부님, 감사합니다!
우리 모두가 신부님처럼 '더욱더 의탁하는' 법을 배우게 되길 바랍니다!

"그리스도의 메시지를 모두에게 전할 시간이 왔습니다.
하느님의 자비가 사람들의 마음을 희망으로 채우고
사랑의 새로운 문명을 일으키는 불꽃이 될 수 있는 시간이 왔습니다.
이 세상이 하느님의 자비를 이해하고
수용해야 할 필요가 얼마나 많은지 모르겠습니다!"

- 성 요한 바오로 2세 교황

차례

머리말 _ 모노폴리® 영성 … 9

첫 번째 비밀 _ 하느님께는 계획이 있습니다 … 21

두 번째 비밀 _ 괜찮은 정도로는 괜찮지 않습니다 … 57

세 번째 비밀 _ 그것은 예수님 그림 그 이상입니다 … 77

네 번째 비밀 _ 하느님은 거꾸로 사랑하십니다 … 125

다섯 번째 비밀 _ 탕자蕩子의 아버지는 탕부蕩父 … 145

여섯 번째 비밀 _ 그때와 지금, 언제나 기도해야 합니다 … 165

일곱 번째 비밀 _ 목표는 변모입니다 … 217

맺음말 _ 더욱더 … 247

주註 … 259

머리말
모노폴리® 영성

이 백성이 입술로는 나를 공경하지만 그 마음은 내게서 멀리 떠나 있다.
– 마태 15,8

어쩌면 바로 이 책이야말로 제가 가장 먼저 썼어야 할 책이었습니다. 저는 이보다 앞서 「7 Secrets of the Eucharist」(성체성사의 일곱 가지 비밀)과 「7 Secrets of Confession」(고해성사의 일곱 가지 비밀)을 차례로 썼습니다. 전국을 돌아다니며 여러 교회나 집회에서 강연을 하면서 저는 많은, 아마도 대부분의 사람들이 이 두 성사에 대해 제한되고, 때로는 왜곡된 견해를 가지고 있음을 알게 되었습니다. 그리고 이 성사들이 정말 무엇인지를 더 깊이 인식하는 것이야말로 제 삶을 변화시켰듯이 그들의 삶 또한 극적으로 바꾸어 놓을 수 있으리라는 것을 깨달았습니다.

그러나 어떤 의미에서 모든 것은 하느님 자비에 달려 있으므로 저는 그에 대한 책을 가장 먼저 썼어야 했습니다. 하느님 자비를 이해하게 될 때까지 우리는 정말 성사를, 아니 교회 안의 다른 어떤 것들도 이해할 수 없습니다.

우산 신심

모든 창조는 자비의 행위입니다! 하느님 자비를 향한 신심은 단지 '하나의 사적인 신심'에 그치지 않습니다. 그것은 다른 모든 신심을 위에서 덮고 있는 '우산' 신심, 바로 그 신심입니다. 교회 안에 있는 다른 모든 신심과 예식, 활동과 가르침이 모두 이 우산 아래 있습니다. 이 모두는 우리가 하느님 자비를 이해하고 그 안에 들어올 수 있도록 돕기 위해 있습니다.

우리가 하느님의 자비를 이해하고 포용하기만 하면, 우리 삶의 모든 것이 더욱 의미 있고, 더욱 강력하며, 더욱 인생을 바꿀 만한 것이 됩니다. 이것이야말로 우리 실존의 첫째 현실입니다.

일단 자비가 보이기 시작하면 어디서나 자비를 알아볼 수 있게 됩니다. 미사에서도, 성무일도에서도, 교리에서도, 성경에서도. "아, 바로 여기 있었네. 오, 저기에도 있구나. 그리고 또 여기에도." 프란치스코 교황은 칙서「자비의 얼굴」에서 이렇게 썼습니다.

"자비는 교회 생활의 토대입니다."(10항)

"우리는 언제나 자비의 신비를 바라보아야 합니다. 여기에 우리 구원이 달려 있습니다. 자비라는 말은 거룩한 삼위일체 하느님의 신비를 보여 줍니다. 자비는 하느님께서 우리를 만나러 오시는 궁극적인 최고의 행위입니다. 자비는… 모든 사람의 마음속에 자리 잡는 근본 법칙입니다. 자비는 하느님과 사람을 이어 주는 길이 됩니다."(2항)

"이 말은 모든 것을 변화시킵니다. …세상을 변화시킵니다."(2013년 3월 17일 삼종기도 말씀)

파우스티나 성녀

오늘날 교회 안에 있는 많은 이들에게 '하느님 자비'는 파우스티나 코발스카 성녀의 「일기」에 기초한 하느님 자비 신심의 동의어가 되었습니다. 1930년대 폴란드에서 수녀로 살았던 파우스티나 성녀에게 주님께서는 자신을 '하느님 자비'로서 드러내 보이셨습니다.

'내 영혼 안에 있는 하느님 자비'라고 스스로 이름 지은 6백 쪽이나 되는 일기를 통해 파우스티나 성녀는 주님께 받은 주목할 만한 계시들을 이야기합니다. 이 계시들은 자비의 메시지인 복음에 강력하고 새로운 초점을 제시합니다. 그리고 이제는 온 세계에 알려진 다양한 신심의 요소들과 행위들을 소개합니다.

헤아릴 수 없이 많은 가정과 교회에서 **하느님 자비 상본**을 잘 보이는 곳에 두고 공경합니다. 수백만 명의 사람들이 **하느님의 자비를 비는 5단 기도**를 매일 바칩니다. 매일 오후 세 시는 **하느님 자비의 시간**으로 지켜집니다. 그리고 많은 교회와 성지에서는 성금요일부터 부활 시기 둘째 주일 전야까지 **하느님의 자비께 드리는 9일 기도**를 바칩니다. 그 주일에는 주님께서 파우스티나 성녀에게 요청하신 데 대한 응답으로 **하느님 자비 축일**을 널리 기념합니다.

성 요한 바오로 2세 교황은 2000년에 공식적으로 '하느님 자비 주일'을 제정했고, 파우스티나 성녀는 세 번째 밀레니엄을 예고하는 희년의 첫 성인이 되었습니다.

하느님 자비와 관련된 '문제'

하느님 자비를 향한 신심은 무척이나 빨리 확산되었고 사람들의 삶에서 그토록 놀라운 열매(회복된 평화와 희망, 놀라운 회심, 은총의 기적, 영적 치유와 육체적 치유)를 맺었기에 어떤 사람들은 신심 행위 자체에 거의 미신적인 초점을 맞추게끔 잘못 인도되기도 했습니다.

어떤 것이든 아무리 좋은 것이라도 우리의 초점을 하느님 대신 그것 자체로 이끄는 것은 우상이 될 수 있습니다. 예를 들어, 하느님 자비의 상본은 하느님과 더 깊은 관계로 우리를 인도하는 창문과 같은 이콘이 될 수도 있지만, 마치 그림 그 자체가 어떤 마술의 힘을 지닌 듯 여기는 우상이 될 수도 있습니다.

우리가 특정 기도와 신심 행위를 통해 은총을 더 많이 받을수록 하느님께 맞추어진 초점을 더 쉽게 잃고, 매개체가 메시지가 되도록 놓아둘 수 있습니다. '이 신심에서 뭘 얻을 수 있을까?' 차츰 동기가 이러한 식으로 변해 버리는 것입니다.

"우와! 이 상본 정말 강력한데! 집에다 걸어 놓으면 나와 가족들을 보호해 줄 거야. 이 묵주 기도를 매일 바치면 특은을 받게 될 거야. 하느님 자비 주일에 고해성사를 보고 성체를 영하면 죄를 용서받고 형벌을 면하게 해 주신다는 커다란 약속을 얻게 될 거야."

하느님 자비에 대해 글을 쓰고 가르친 조지 코시츠키 신부는 모노폴리® 게임[1]에서 사용되는 '감옥으로 직행'이라는 표현을 사용해 이러한 태도를 설명했습니다.

"이 그림을 벽에 걸어라, 이 기도를 바쳐라, 하느님 자비 축일을 기념하라. 그리고 'Go' 칸을 통과하지도 말고 천국으로 직행하라."

신심과 신심 행위들

이런 신심 행위들이 그릇된 것일까요? 상본을 벽에 걸어 두는 것은 잘못된 일일까요? 하느님의 자비를 비는 5단 기도를 바치는 것은 옳지 못할까요? 하느님 자비 축일을 기념하는 것은 틀린 일일까요?

물론 그렇지 않습니다! 하지만 우리가 신심 행위들을 통해 더 깊은 신심으로 나가기 위해서는 이러한 외적 행위의 진짜 의미와 목적을 이해할 필요가 있습니다.

신심이란 자신을 무엇인가에, 누군가에게 바치는 것, 즉 완전히 내어 주는 것을 말합니다.[2] 종교적 맥락에서는 하느님께 완전히 헌신하는 것, 그분께 속하는 것, 그분과 그분이 마음을 두시는 것에 나 또한 마음을 두는 것을 말합니다. 그것은 그분이 나의 마음을 건드리고 내가 살아가는 방식을 이끄시도록 허락하는 것을 의미합니다.

하느님 자비를 향한 신심은 하느님 자비의 메시지를 살겠다는 확고한 약속을 반드시 포함합니다. 그것은 더욱더 하느님께 의탁하고, 그분의 자비를 감사히 받아들이며, 그분께서 자비하시니 나 또한 자비로워지겠다는 결심입니다.

아첨 혹은 자비로운 마음?

그것은 몇 가지 기초적인 질문들로 간단히 요약됩니다. 바리사이와 제자 가운데 어느 쪽이 되길 원합니까? 바리사이는 매일 신심 행위를 실천했습니다. 당시에도 신심 행위들이 아주 많았습니다. 그들은 모든 '요령'을 다 부렸습니다. 그들은 알맞은 기도들을 모두 외웠고, 적절한 예식들을 행했으며, 규칙적으로 단식했습니다. 그러나 그 가운데 어떤 것도 그들의 마음을 건드리지 못했습니다. 그 가운데 어떤 것도 하느님과 더 깊은 인격적 관계 속으로 그들을 이끌지 못했습니다. 그리하여 그들은 하느님께서 원하시는 방식대로 살아가는 법을 배우지 못했습니다.

내가 어느 쪽이 되길 바라는지 기억하고 다시 자비에 초점을 맞추어 행동으로 헌신하는 데 도움이 되는 성경 구절이 두 가지 있습니다.

"이 백성이 입술로는 나를 공경하지만 그 마음은 내게서 멀리 떠나 있다."(마태 15,8)

"행복하여라, 자비로운 사람들! 그들은 자비를 입을 것이다."(마태 5,7)

주님께서 여러분 자신에 대해 말씀하고 계신 것이라면 이 둘 가운데 어느 쪽 말씀을 듣고 싶습니까? 입술이 고백하는 대로 살아가도록 마음이 여러분을 이끌고 있습니까? 아니면 성경에 등장하는 위선자들이 그러하듯, 여러분 또한 말과 행동이 다르지는 않습니까?

프란치스코 교황은 예수님께서 위선자들을 대면하셨을 때 그들에게 속지 않으셨음을 지적했습니다. 예수님은 그들의 마음을 아셨기 때문입니다. 그러므로 우리 또한 우리 자신에게 물어야 합니다.

"예수님은 나를 신뢰할 수 있으신가? 나는 두 얼굴을 한 사람은 아닌가? 나는 가톨릭 신자라고 하면서… 이교도처럼 살고 있지는 않은가? …예수님은 우리 마음에 있는 모든 것을 알고 계십니다. 우리는 예수님을 속일 수 없습니다. 그분 앞에서 성인인 척하면서… 그분께서 원하시는 삶이 아닌 삶을 살 수는 없습니다. …예수님께서 산상 설교에서 말씀하신 참행복의 정신에 따라 살지 않는다면 여러분은 가톨릭 신자가 아닙니다. 위선자일 뿐입니다."(프란치스코 교황, 2015년 3월 8일 강론)

성 요한 바오로 2세 교황 또한 자비를 실천할 필요성에 대해 말했으며, 하느님 자비는 무엇보다도 삶을 살아 내는 방식임을 여러 차례 반복해서 강조했습니다.

자비의 '요구 사항'

성 요한 바오로 2세 교황은 발표된 훌륭한 회칙들 가운데 하나인 「자비로우신 하느님」에서, 그리스도는 하느님께서 '자비가 풍성하신' 아버지이심을 보여 주고자 오셨다고 했습니다. 그리고 다음 말을 덧붙였습니다. "그리스도께서는 하느님의 자비의 사랑을 드러내 보이시면서 사람들도 사랑과 자비에 따라 살도록 요구하신다는 것입니다."(3항)

자비를 행동으로 옮겨야 할 필요성은 프란치스코 교황의 교황직을 가로지르는 가장 중요한 주제가 되어 왔습니다. 프란치스코 교황은 교회가, 그리고 우리 모든 개인이 우리 자신에게서 나와, 편안하고 익숙한 환경을 과감히 깨치고 그 너머에 이르기를, 그리하여 자비라는 복음의 메시지를 실제로 살아 내고자 애쓰기를 여러 차례 촉구했습니다.

2015년 4월 프란치스코 교황은 자비의 희년을 선포하고 그 모토를 '하느님 아버지처럼 자비로이'라고 정했습니다. 그리고 이렇게 외쳤습니다. "이제부터는 해마다 자비가 넘쳐 우리가 모든 사람에게 다가가 하느님의 선하심과 온유하심을 가져다주기를 간절히 바랍니다."(「자비의 얼굴」, 5항)

다시 시작해야 할 시간

프란치스코 교황은 자비의 특별 희년 선포 칙서 「자비의 얼굴」에서 우리가 다시 시작할 것을, 하느님 아버지께 사랑받는 방법을 새롭게 이해하고 경험할 것을 요청합니다. "교회가 용서를 기쁘게 선포하여야 할 때가 다시 왔습니다. 이제 근본으로 돌아가 우리 형제들의 나약함과 어려움을 받아들여야 할 때입니다."(10항) "지금은 우리의 삶을 변화시킬 수 있는 적절한 때입니다! 우리의 마음을 움직여야 할 때인 것입니다!"(19항) "하느님의 자비가 우리를 감싸 주시어 하느님 아버지께서 우리에게 하시듯이 우리도 이웃에게 자비를 베풀도록 힘써 노력할 것입니다."(14항)

프란치스코 교황이 어느 강론에서 사용한 한 구절이 정말로 제게 달라붙어 떨어지질 않습니다. 제게는 이 구절이야말로 모든 것을 요약해 주는 말씀입니다. 프란치스코 교황은 이렇게 말했습니다. "우리는 자비로 빚어진 삶을 살도록 부름받았습니다."

(프란치스코 교황, 2014년 7월 7일 강론)

이것이 이 책을 쓴 목적입니다. 성경과 교회의 가르침, 파우스티나 성녀의 「일기」에서 발견하는 하느님 자비의 메시지를 더욱 깊이 들여다볼 수 있도록 여러분을 초대하는 것입니다. 그리하여 여러분의 삶 전체를 '자비로 빚어지게' 하시려는 주님의 부르심에 여러분이 더욱 완전히 응답할 수 있기를 바랍니다.

"나아가십시오! 우리는 자비의 시대에 살고 있습니다. 지금이 바로 자비의 시대입니다."(프란치스코 교황, 2015년 1월 11일 삼종기도 말씀)

첫 번째 비밀
하느님께는 계획이 있습니다

하느님께서는 그리스도 안에서 미리 세우신 당신 선의에 따라
우리에게 당신 뜻의 신비를 알려 주셨습니다.
— 에페 1,9

    이 책을 쓰기에 앞서 성체성사의 '비밀'에 관한 책과 고해성사의 '비밀'에 관한 책을 썼습니다. 하지만 제가 보기에 이 모든 비밀들 가운데 가장 위대한 '비밀'은 하느님께 계획이 있다는 것입니다.

    제가 이야기를 시작하면서 이에 대해 말할 때면 사람들은 무척 이상한 표정을 짓곤 합니다. 사람들은 마치 이렇게 말하는 듯합니다. "음, 그렇죠, 물론 그분께는 계획이 있죠! 그건 비밀이 아니에요! 우리 모두가 그걸 알고 있잖아요!"

    한편으론 그 말이 옳습니다. 여러분이 하느님을 세상의 창조주로 믿고 있다면 하느님께 계획이 있다는 생각은 아마도 그리

놀라운 계시는 아닐 것입니다. 하지만 여러분이 이러한 생각을 마지막으로 떠올려 본 것은 언제인가요? 그에 대해 정말 생각해 본 적이 있습니까?

그래서요?

제가 좋아하는 질문 가운데 하나가 바로 "그래서요?"라고 묻는 것입니다. 우리는 이 질문을 잊고 묻지 않을 때가 많습니다. 그저 단순히 어떤 진리나 가르침, 진술을 받아들이고 그다음으로 넘어가는 것입니다. 그에 대해 진지하게 생각해 보지도 않고 말입니다.

하느님께는 계획이 있습니다. 그래서요? 그분의 계획이란 정확히 무엇입니까? 그리고 그분은 왜 그렇게 하기로 결정하신 것입니까? 이 세상은 어떻게 그분의 계획과 조화를 이룹니까? 교회는 어떻습니까? 교회의 모든 전례와 가르침, 성사들은 어떻게 하느님의 계획(하느님께 계획이 없다고 하면 우리 믿음에는 어떠한 의미도 있을 수 없을 것입니다)과 관련되어 있습니까?

그리고 여러분은 어떻게 그분의 계획과 조화를 이루고 있습니까? 여러분은 대체 어떤 이유로 존재하고 있습니까? 직장에 있을 때나 집에 있을 때, 여가를 보내고 있을 때, 일상의 그 모든 '일들'은 또 어떻습니까? 어떤 것이든 그 가운데 하느님의 계획과 관련된 것이 있습니까? 하느님의 계획이란 대체 나에게 무엇이란 말입니까? 여러분은 그분의 계획 '안에' 살고 있습니까? 그 '바깥으로' 걸어 나가지는 않았습니까? 여러분은 적극적으로 그분의 계획에 참여하고 있습니까? 아니면 그다지 염두에 두고 있지 않거나 그에 반해서 일하고 있지는 않습니까?

나는 하느님을 믿으며 '실천하는' 그리스도인(앞에서 언급한 바리사이처럼)이라고 말할 수 있습니다. 나는 정해진 기도문을 모두 외우고 다양한 전통과 예식에 모두 참여한다고 말할 수도 있습니다. 그러나 그것만으로는 충분하지 않습니다. 내가 누구인지, 내가 무엇을 하고 있는지, 내가 왜 그것을 하고 있는지, 그리고 하느님께서 나를 위해 마음에 품고 계신 일과 내가 하고 있는 일이 어떻게 관련되는지 생각하지 않는다면 말입니다. 소크라테스의 말처럼 "성찰하지 않는 삶이란 살 가치가 없습니다." 그러니 하느님의 계획을 검토해 봅시다.

대체 무엇이 문제인가요?

성 요한 바오로 2세 교황은 젊었을 적에 '부성父性에 관한 숙고'라는 제목을 단, 시적인 소논문을 썼습니다. 이 소논문에서 그가 표현한, 모든 것을 압축해서 보여 주는 한 가지 중심된 사실은 이후 그의 모든 가르침의 근간이 되었습니다. 그리고 그것은 우리가 하느님을 정말로 이해하려고 애쓸 때마다 계속해서 되돌아갈 필요가 있는 진리인 것 같습니다.

그는 이렇게 썼습니다. "이밖에 다른 모든 것은 중요하지 않으며, 본질적이지도 않은 것으로 드러날 것이다." 그런 다음 세 가지를, 단지 세 가지만을 밝혔습니다. 이제 여러분의 삶, 가족, 일, 갈망, 희망, 과거, 현재, 목표에 대해 생각해 보십시오. 여러분이 날마다 생각하고 걱정하고 조바심치고 꿈꾸는 모든 것 말입니다. 성 요한 바오로 2세 교황에 따르면 그 가운데 이 세 가지와 관련되지 않으면 결코 중요하거나 필수적인 것으로 판명날 것은 아무것도 없습니다. 온 세계와 온 우주의 역사 전체, 인류의 모험에 관한 이야기 전체에서, 오직 이 세 가지만이 중요하고 필수적일 따름입니다.

아버지, 자녀, 사랑

아버지, 자녀, 사랑 이 세 가지가 전부입니다. 여러분이나 제가 중요하게 여기는 다른 모든 것, 여러분이나 제가 스스로 염려하고 생각하고 숙고하고 에너지를 소비하는 것은 모두 이 세 가지와 관련되지 않으면 중요하지도 않고 반드시 필요하지도 않습니다.

물론 어떤 의미에서는 성 요한 바오로 2세 교황의 말이 삼위일체를 가리키는 것이라고 해석할 수도 있습니다. 성부와 성자, 그리고 그 두 분 사이의 사랑이신 성령이라고 말입니다. 성 요한 바오로 2세 교황은 어느 연설에서 하느님은 바로 아버지와 자녀와 사랑의 궁극적 실재라고 설명했습니다.

"가장 깊은 신비 속에 계신 하느님은 고독한 존재가 아니라 가정을 이루고 계십니다. 그분은 스스로 아버지이며 아들이고 가정의 핵심인 사랑이시기 때문입니다."[3]

이것이 하느님의 계획과 무슨 관계가 있을까요? 모든 면에서 관계가 있습니다. 삼위일체는 단순히 어떤 생각이나 신학적 개념이 아닙니다. 삼위일체란 하느님 사랑의 가정 안에 있는 실재하는 세 위격입니다. 그리고 하느님의 계획은 이 가정을 고려할 때에만 이해될 수 있습니다.

다시 한 번 말합니다. 하느님 아버지의 계획은 이 가정을 고려할 때에만 이해될 수 있습니다.

자비의 계획

「가톨릭 교회 교리서」에서는 세상이 창조되기 전에 하느님 아버지께서 자비의 계획을 구상해 놓으셨다고 밝히고 있습니다.

"이것이 세상 창조 이전에 사랑하시는 당신 성자를 통하여 미리 세워 놓으신 자비로운 '선의'(에페 1,9)이다. '예수 그리스도를 통하여 우리를 당신의 자녀로 삼으시기로 미리 정하신'(에페 1,5) 것이다. 곧 '자녀로 삼도록 해 주시는'(로마 8,15) 성령을 통해 '당신의 아드님과 같은 모상이 되도록'(로마 8,29) 계획하신 것이다."(257항)

우와! 그러므로 아버지, 자녀, 사랑은 단지 삼위일체에 관한 것일 뿐 아니라, 삼위일체와 우리에 관한 것이기도 합니다!

세상 창조 이전에 하느님 아버지께서는 당신의 사랑으로 여러분과 내가 당신의 자녀가 되게 하는(단순 피조물이 아니라 자녀가 되게 하는) 계획을 세워 두셨습니다.

성 요한 사도는 이러한 현실에 대하여 경외심을 가지고 이야기하고 있습니다.

"아버지께서 우리에게 얼마나 큰 사랑을 주시어 우리가 하느님의 자녀라 불리게 되었는지 생각해 보십시오. 과연 우리는 그분의 자녀입니다."(1요한 3,1)

신비 중의 신비이며, 교회의 가장 큰 신비인 삼위일체란 결국 사랑입니다! 그것은 주어지고 받아들여진, 그리고 모든 이에게 베풀어진 하느님의 사랑입니다.

삼위일체 안에서 성부께서는 영원토록 성자를 사랑하시며, 성자께서는 영원토록 성부의 사랑을 되돌려 드립니다. 그리고 성령께서는 이러한 성부와 성자 사이의 사랑이십니다!

자신을 내어 주는 이러한 사랑의 끝없는 순환 속에서 성자는 성부의 사랑을 받기에 합당하며, 성부는 성자의 사랑을 받기에 합당합니다. 그러한 사랑을 받기에 합당한 다른 누가 또 있겠습니까? 아무도 없습니다. 다른 어느 누구도 그러한 사랑을 받기에 합당하지 않습니다.

그러나 참된 사랑은 자기 자신을 내어 주길 간절히 바랍니다. 그리하여 성부께서는 사랑할 수 있는 존재들을 더욱 많이 창조하시기로 결심하셨습니다. 이것이 바로 자비입니다. 모든 것에 합당하시고 모든 가치를 지니고 계신 하느님께서 당신 사랑을 그 사랑을 받기에 합당한 자격을 갖출 수 없는 피조물들에게 베풀어 주시고자 몸을 낮추신 것입니다.

성 요한 바오로 2세 교황은 2000년 파우스티나 성녀 시성식 강론에서, 이렇게 베풀어 주시는 사랑, 곧 성부 하느님의 '위대한 자비의 물결'은 성자 예수님의 꿰찔린 심장을 통하여 우리에게로 오며, 성령을 통하여 우리에게 부어진다고 설명합니다. 삼위일체 전체가 온전히 관여하는 것입니다. 자비란 삼위일체의 사랑이 끝없이 흘러넘치는 것입니다.

"하느님 자비는 십자가에 달리신 그리스도의 성심을 통하여 인류에게 도달합니다. …그리스도는 삼위일체 가운데 사랑의 위격이신 성령을 보내심으로써 인류에게 이 자비를 부어 주십니다."
(성 요한 바오로 2세, 2000년 4월 30일)

창조 그 자체가 이렇게 흘러넘치는 사랑의 표현입니다. 여러분과 저의 존재는 우연이 아닙니다. 하느님께서 그저 지루하셨기 때문에 우리가 존재하고 있는 것도 아닙니다. 하느님께서는 단지 진흙을 가지고 장난치고 계셨던 것이 아닙니다.

'흠, 오늘은 뭐 재미난 일이 없을까? 작고 웃긴 피조물들을 좀 만들어서 그것들이 뭘 하는지 지켜볼까 하는데….'

어리석은 상상 아닙니까? 게다가 현실과도 거리가 멉니다. 우리는 무관심한 신에 의해 대충 창조되지 않았습니다. 우리는 사랑으로 창조되었습니다. 「가톨릭 교회 교리서」(27항)에서는 이렇게 말하고 있습니다.

"하느님의 사랑으로 창조되고 언제나 하느님의 사랑으로 보존되지 않는다면 인간은 결코 존재할 수 없기 때문이다."(「사목 헌장」 19항)

이레네오 성인 또한 다음과 같이 말했습니다.

태초에 하느님이 사람을 필요로 해서 아담을 지어 내신 것이 아닙니다. 당신의 은총을 베푸실 대상이 있도록 그를 지어 내신 것입니다.[4]

하느님께서는 단지 축복할 피조물을 더 많이 원하셨던 것이 아닙니다. 그분은 가정의 일원이 될 수 있는 자녀를 더 많이 원하셨던 것입니다.

우와! 잠깐! 삼위일체의 일원이 된다? 그렇습니다. 이는 앞으로 이야기를 더 진행함에 따라 더욱 분명해질 것입니다.

"하느님께서는 창조주로서… 세계와 긴밀한 연결을 맺는 데서 그치지 않으십니다. 하느님께서는 아버지도 되십니다. 하느님께서는 인간과 결속되어 계시며, 창조보다 더 친밀한 인연으로 인간을, 보이는 세계에 존재하도록 부르셨습니다. 그것이 사랑입니다. 선한 것을 창조하실 뿐만 아니라, 하느님의 생명, 아버지와 아들과 성령의 생명에 참여하는 특권까지 주시는 것은 바로 사랑입니다. 사랑하는 이는 자기를 내주고 싶어 하는 까닭입니다."(『자비로우신 하느님』, 7항)

이 부분은 매우 중요하므로 반드시 이해해야 합니다! 이 내용이 우리 안에 깊이 스며들게 할 필요가 있습니다. 여러분과 저는 단지 창조된 존재에 그치지 않습니다. 우리는 하느님 아버지께서 마음으로 낳으셨습니다. 그리고 우리는 삼위일체의 생명에 우리가 참여할 수 있도록 허락하시는 사랑의 결속에 의해 하느님 아버지께 연결되어 있습니다. 「가톨릭 교회 교리서」는 그 첫 단락에서 우리에게 다음과 같이 가르치고 있습니다.

> "스스로 한없이 완전하고 복되신 하느님께서는 순순한 호의로 계획을 세우시고, 자유로이 인간을 창조하시어 당신의 복된 생명에 참여하도록 하셨다. …하느님께서는 때가 찼을 때, 이 일을 이루시고자 당신의 아들을 구속자와 구원자로 보내 주셨다. 그분 안에서, 그분을 통해, 하느님께서는 사람들을 불러 성령 안에서 당신의 자녀로 받아들이시고 당신 복된 삶의 상속자가 되게 하신다."(1항)

그리스도는 성부 하느님의 자비 계획을 완성하시고자 우리를 속죄하고 구원하기 위해 파견되셨습니다. 그리하여 우리는 그분의 자녀로 받아들여지고 그분의 복된 삶을 상속하게 됩니다. 이것이 정말로 의미하는 것은 무엇일까요? 「가톨릭 교회 교리서」의 또 다른 단락에서 매우 구체적인 답안의 단초를 제시하고 있습니다.

"그리스도의 부활은 당신 아들 그리스도를 '다시 살리시고'(사도 2,24) 그로써 그 인성을-그 육신과 함께-삼위일체 안으로 완전히 이끌어 들이신 성부의 권능을 통해서 이루어졌다."(648항)

신-인간

자, 이 말을 이해하려면 '육화'라는 또 다른 신비를 간략하게나마 살펴봐야 하겠습니다.

예수 그리스도는 늘 존재하셨습니다. 맞습니까?

틀렸습니다. "한 처음에 말씀이 계셨다."(요한 1,1) 말씀은(삼위일체의 제2위격인데) "창조되지 않고 나시어, 성부와 한 본체로서"(니케아 신경) 언제나 존재했다. 그런데 "때가 차자 하느님께서 당신의 아드님을 보내시어 여인에게서 태어나게"(갈라 4,4) 하셨습니다.

바로 이 정확한 순간에 하느님 아버지의 아들이자 하느님이신 분이 동정 마리아에게서 인간의 본성을(완전히 인간적인 육신을 포함하여) 취했습니다. 우리는 미사를 드릴 때마다 그분께서 "하늘에서 내려오셨음을 …성령으로 인하여 동정 마리아에게서 육신을 취하시어 사람이 되셨음을"(니케아 신경) 선포합니다.

육화. 그분은 성모 마리아에게서 육신을 취하셨습니다. 완전한 영원으로부터 하느님으로 존재하시는 그분은 이제 마리아의 "네"라는 응답으로 신-인간이 되십니다. 여전히 완전하게 신이면서, 이제 완전히 인간이기도 하신 것입니다. 그리고 마리아에게 이미 분부되었던 이름이 그분께 주어집니다. "이제 네가 잉태하여 아들을 낳을 터이니 그 이름을 예수라 하여라."(루카 1,31)

「가톨릭 교회 교리서」에서는 다음과 같이 설명합니다.

"신성으로는 시간 이전에 아버지에게서 나셨으며, 인성으로는 이 마지막 날에 하느님의 어머니 동정 마리아에게서 우리를 위하여 우리 구원을 위하여 태어나신"(467항)

여기서 앞서 「가톨릭 교회 교리서」에서 인용한 구절로 돌아가 봅시다. "그리스도의 부활은 당신 아들 그리스도를 '다시 살리시고'… 성부의 권능을 통해서 이루어졌다." 잠시만 생각해 봅시다! 그리스도는 왜 다시 살아나셔야 했을까요? 그분은 신이 아니셨던가요?

그렇습니다. 그분의 신성은 죽음에 종속되지 않습니다. 그러니 다시 살아나야 할 필요도 없었습니다. 그리고 그분의 신적 본성은 삼위일체로부터 절대 분리되지 않았습니다. 삼위일체는 쪼개질 수 있는 것이 아닙니다. 성부, 성자, 성령은 하나이며, 절대 나뉠 수 없습니다.

하지만 인성에 있어서 예수님은 죄를 제외한 모든 면에서 여러분이나 저와 같았습니다. 인간의 육신과 인간의 영혼을 지니고 계셨습니다. 인성 안에서 그분은 고통을 겪고, 십자가 위에서 돌아가셨으며, 그분의 찢겨진 시신은 묻혔습니다. 그리하여 성부 하느님께서는 그 신성한 권능으로 성자 예수님을 죽은 이들로부터 다시 살리셨던 것입니다. 이제 인용 구절의 나머지 부분을 다시 살펴봅시다.

"…그로써 그 인성을-그 육신과 함께-삼위일체 안으로 완전히 이끌어 들이신 성부의 권능을…."(648항)

「가톨릭 교회 교리서」가 이 부분에서 매우 정확하게 기술되어 있다는 점은 정말 흥미롭습니다. 단지 성부께서 그리스도의 인성을 삼위일체 안으로 이끌어 들이셨다고만 하지 않고 '그 육신과 함께'라는 말을 덧붙이고 있습니다. 성부 하느님께서는 그리스도의 인간 본성 전체를 그분의 육신까지 포함하여 삼위일체 안으로 이끌어 들이셨습니다.

그런데 그분의 육신은 어떠했을까요? 야이로의 딸이나 라자로와 같이 그리스도께서도 죽은 이들 가운데서 다시 살아나신 것일까요? 보통 때와 같은 생활로 다시 돌아오신 것일까요? 아니요, 그렇지 않습니다. 교회의 가르침은 다음과 같습니다.

"그리스도의 부활은… 지상의 삶으로 돌아오는 것이 아니다. … 부활하신 당신의 육신으로 그리스도께서는 죽음의 상태에서 시간과 공간을 초월한 다른 생명의 세계로 넘어가신다. 예수님의 몸은 부활을 통해서 성령의 권능으로 충만해진다. 예수님의 몸은… 하느님의 생명에 참여한다."(『가톨릭 교회 교리서』 646항)

신화 神化

그래서요? 왜 저는 계속 이 이야기를 하는 것일까요? 성부 하느님께서는 성자 예수님을 위해 하신 모든 일을 여러분과 저를 위해서도 하고자 하시기 때문입니다.

우리가 협력하기만 한다면 성부 하느님께서 우리를 삼위일체 안으로 이끌어 들이십니다. 그것이 하느님에 의한 여러분과 저의 운명입니다. 그분의 바람과 그분의 갈망, 그분의 목마름은 언젠가, 영광스럽게 변모된 육신 안에 있는 우리 한 사람 한 사람을 삼위일체 안으로 사랑스럽고 완벽하게 이끌어 들일 수 있게 되는 것입니다. 그렇게 되면 삼위일체 안에서 우리는 하느님의 생명에 참여하게 될 것입니다. 그것이 바로 천국입니다. 그것이 바로 우리가 부름받은 것입니다. 그것이 바로 하느님의 계획입니다.

성경과 교회의 가르침에는 이것이 매우 분명히 드러나 있습니다. 미사를 드릴 때마다 우리는 "인성을 취하신 그리스도의 신성에 저희도 참여하게 하소서."[5]라고 기도합니다. 성 베드로 사도는 말씀이 사람이 되시어 우리를 "하느님의 본성에 참여하게 하셨습니다."(2베드 1,4)라고 말합니다. 그리고 「인류의 빛」[6]에서는 "영원한 하느님 아버지께서는… 인간을 들어 높여 신적 생명에 참여하게 하셨다."(2항)고 했습니다.

「가톨릭 교회 교리서」에서는 우리 모두가 "복되신 삼위의 생명에 참여하도록 부름을 받고"(265항) 있으며, 하느님께서는 우리를 자녀로 삼으심으로써 "그분의 부활에서 완전히 드러나는 외아들의 생명에 실제적으로 참여하도록"(654항) 하신다고 가르칩니다. 그리고 아타나시오 성인의 글을 인용하면서 보다 구체적으로 표현하고 있습니다.

"성령을 나누어 받음으로써 우리는 하느님의 본성에도 참여하게 되었습니다. 그렇기 때문에 성령께서 머물러 계시는 사람들은

하느님처럼 됩니다."(1988항)

"그분은 우리를 하느님이 되게 하시려고 인간이 되셨다."(460항)

그리고 토마스 아퀴나스 성인도 인용하고 있습니다.

"하느님의 외아들은 당신 신성에 우리를 참여시키시려고 우리의 인성을 취하셨으며, 인간을 신으로 만들기 위하여 인간이 되셨다."(460항)

어떤 이들은 이에 대해서 정말 기분이 상했습니다. "이봐, 잠깐만, 나는 신이 될 수 없단 말이야!"
인간이 신이 된다는 것이 하느님과 동등해진다거나, 하느님의 자리를 차지한다거나, 혹은 하느님을 대체해 버린다는 의미라면, 그건 그렇지 않습니다. 하지만 우리는 하느님과 완전히 일치하고 그분의 본성과 삶의 방식을 친밀하게 나누도록 부름받았습니다. 우리는 언젠가 성 바오로 사도와 함께 이렇게 말할 수 있게 될 것입니다. "이제는 내가 사는 것이 아니라 그리스도께서 내 안에 사시는 것입니다."(갈라 2,20)
하느님의 계획에 따라 창조된 우리는 단지 인간으로 남아 있기 위해 창조된 것이 아닙니다. 우리는 신적으로 인간이 되게끔 창조되었습니다. 그리스도와 같이, 죽음의 상태에서 시간과 공간을 초월한 다른 생명의 세계, 즉 삼위일체 그 자체 안에 있는 생명으로 넘어가도록 창조된 것입니다.

또 다른 생명, 우리는 죽은 뒤에 또 다른 생명으로 넘어갑니다. 음, 물론이죠! 우리는 그러한 사실을 알고 있습니다. 그리스도인들은 언제나 죽음 이후의 삶을 믿어 왔습니다. 우리는 이곳에서 잠시 동안 살아가다 죽습니다. 그리고 그다음에는 다시 살되 영원히 삽니다. 그것이 바로 영원한 생명입니다. 맞습니까?

그렇지 않습니다. 영원한 생명이란 우리가 단지 다시금 영원히 살게 되는 것을 의미하지 않습니다. 그것은 또 다른 종류의 생명, 전적으로 새로운 삶의 방식을 의미합니다. 그것은 우리가 삼위일체와 함께 삼위일체 안에서, 하느님께서 살아가시는 방식을 함께 나누며 살아가는 것입니다. (그리고 그것은 실제로 바로 지금 시작될 수도 있습니다. 하지만 이에 대해서는 나중에 더 자세히 다루겠습니다.)

베네딕토 16세 교황은 다음과 같이 말했습니다.[7]

> 영원이란 단지 끝없는 시간이 아니라, 존재의 또 다른 차원입니다. …영원한 생명이란 단순히 내세에 오게 되는 것이 아닙니다. …그것은 실존의 새로운 속성입니다.

이제까지 보아 왔듯이, 우리는 하느님 아버지의 자비의 계획 안에서 사랑으로 창조되었고, 삼위일체의 영원한 생명으로 이끌리게 예정되었으며, 하느님의 가정에 일원이 되도록 부름받았습니다. 이것이 바로 그리스도께서 완수하고자 이 땅에 오셨던 계획입니다.

> "하느님께서는 세상을 너무나 사랑하신 나머지 외아들을 내주시어, 그를 믿는 사람은 누구나 멸망하지 않고 영원한 생명을 얻게 하셨다."(요한 3,16)

창조되었을 뿐 아니라 선택받았다

하지만 우리는 이 계획이 세상을 향한 일반적 계획이 아님을 이해할 필요가 있습니다. 이 계획은 바로 여러분 각자를 위한 매우 구체적이고 개인적인 계획입니다.

여러 해 전에 하느님 자비에 관한 콘퍼런스에서 저는 어떤 사람이 하는 이야기를 듣게 되었는데, 그 이야기가 저의 모든 것을 바꾸어 놓았습니다. 그 이야기를 한 사람은 뱁시 블리즈델이라는 분이었는데, 트리니다드 출신의 경건하고 훌륭한 여성으로 이름난 연설가였습니다. 그녀의 첫마디가 모든 이의 주의를 끌었습니다.

"저는 여러분 가운데 많은 분들을 개인적으로 잘 알지 못합니다. 하지만 저는 여러분의 어머니에 대해서는 좀 알고 있습니다."

우리 팀에 있던 사람들 가운데 어떤 이들은 마치 "흠, 대체 무슨 말을 하려고 저런 말을 하고 있는 거지?" 하고 묻는 듯 서로를 쳐다보았습니다.

"여러분의 어머니에게는 백만 개의 난자가 있었습니다." 그녀가 계속해서 설명하길, 한 여성의 몸 안에 존재하는 난자와 한 남성의 몸 안에서 생성되는 정자는 제각기 고유한 DNA를 지니고 있으며, 그 난자와 정자의 수가 무척이나 많기 때문에 한 남자와 한 여자가 결합하여 나올 가능성이 있는 인간 개개인은 적어도 수백만 명이나 된다고 합니다.

그녀는 우리와 같은 팀에 있던 핼 코헨 신부를 향해 돌아서며 물었습니다. "핼 신부님, 신부님은 외아들이시죠?" 핼 신부가 "네, 그런데요." 하고 답했습니다. 그러자 그녀는 웃으며 말했습니다. "신부님은 100만 분의 1이시군요!"

저 역시 다른 사람들과 같이 웃었습니다. 하지만 그 뒤에 따라 온 가르침은 하느님 자비와, "인자하신 아버지"(2코린 1,3)와 나 자신의 관계에 대한 전적으로 새로운 통찰을 주었습니다.

그녀가 설명한 것은 남녀가 결합하여 태어날 수 있는 수백만

명의 아이들 가운데 어느 아이를 낳을지 결정할 수 있는 능력이 인간에게는 없다는 사실이었습니다. 하지만 하느님께는 그러한 능력이 있습니다.

제 마음에는 젊은 부부의 모습이 떠오릅니다. 의사의 진료실을 찾아간 부부는 벽 전체만 한 영화 스크린이 있는 커다란 방으로 안내됩니다. 그리고 의사에게서 건네받은 리모컨을 가지고 둘 사이에 태어날 가능성이 있는 모든 아이들의 모습과 성격을 검색하며 행복해합니다.

"아, 나는 키가 크고 금발인 아이가 좋아요! …아니면 초록색 눈에 멋진 미소를 짓고 있는 저 아이도 좋고요. …그런데 이 아이는 너무나 예술적이네요. …저 아이를 한 번 봐요. 훌륭한 과학자가 되겠는데요."

모든 DNA가 이미 존재합니다. 맞지요? 그러니 태어날 수 있는 모든 아이들을 미리 볼 수 있다면 부부가 낳고자 하는 아이를 정확히 고를 수도 있을 것입니다.

슬프게도(좋은 의도를 지닌 일부 사람들을 포함해서) 세속적인 가치들에 속고 혼란을 겪으면서 불운한 상황들에 절망하거나 그들 자신의 결핍과 욕구에 붙들려 이 분야에서 스스로 '하느님 노릇을 하려는' 사람들이 있습니다.

많은 부부들이 자녀 계획을 세울 때나 이미 그들 사이에 생명이

자라고 있음을 발견했을 때 마치 그들 스스로 태어날 아이의 성별이나 다른 유전적 특징들을 선택할 권리, 또는 이미 잉태된 아이가 앞으로 계속 살 수 있게 허락할 권리가 있다고 생각합니다.

우리 가운데 누구에게도 그러한 권리는 없습니다. 또한 우리 가운데 누구에게도 미래를 들여다보며 우리의 결정이 어떤 파문을 일으킬지 알 수 있는 능력은 없습니다.

하지만 하느님은 그렇게 하실 수 있고, 실제로 그렇게 하십니다. 오직 하느님만 그러한 결정을 하실 권리를 가지고 계시며, 오직 하느님만이 모든 가능성들을 미리 내다보실 수 있습니다. 하느님은 그림 전체를, 이야기 전체를 보십니다. 그리고 그분은 자신에게 집중된 욕망이 아니라 사랑의 눈으로 보십니다. 하느님은 모든 '가능한 것들'을 알고 계십니다. 과거와 현재와 미래를 꿰뚫고 계십니다. 그분은 시간 전체를 보고 계십니다. 그리고 과거에 일어났을 수도 있는 일들과 미래에 일어날 수도 있는 일들까지 모두 보십니다. 그분은 모든 것을 보시며, 그 모두를 자비의 마음으로 보십니다.

그래서요?

그러므로 하느님께서는 여러분을 그저 창조하시기만 한 것이 아닙니다. 하느님은 여러분을 보셨고 선택하셨습니다. 여러분의 어머니와 아버지에게서 태어날 수 있었던 수백만의 인간 개개인

가운데 하느님은 바로 당신을 선택하셨습니다. 예레미야서에 멋진 구절이 있습니다.

"모태에서 너를 빚기 전에 나는 너를 알았다. 태중에서 나오기 전에 내가 너를 성별하였다. 민족들의 예언자로 내가 너를 세웠다."(예레 1,5)

생각해 보십시오! 하느님께서 여러분에게 이렇게 말씀하고 계십니다. "모태에서 너를 빚기 전에 나는 너를 알았다." 하느님께서 아신다는 것은 사랑하신다는 것입니다. 하느님은 언제, 어떻게 우리 한 사람 한 사람을 알게 되셨을까요? 이에 대한 답은 모두 시편 139편에 담겨 있습니다.

주님, 당신께서는 저를 살펴보시어 아십니다.
제가 앉거나 서거나 당신께서는 아시고
제 생각을 멀리서도 알아채십니다.
정녕 말이 제 혀에 오르기도 전에 주님,
이미 당신께서는 모두 아십니다.
정녕 당신께서는 제 속을 만드시고
제 어머니 배 속에서 저를 엮으셨습니다.

제가 남몰래 만들어질 때 제가 땅 깊은 곳에서 짜일 때
제 뼈대는 당신께 감추어져 있지 않았습니다.
제가 아직 태아일 때 당신 두 눈이 보셨고
이미 정해진 날 가운데 아직 하나도 시작하지 않았을 때
당신 책에 그 모든 것이 쓰였습니다.

파우스티나 성녀의 「일기」에는 이와 똑같은 사실에 대해 예수님과 나눈 아름다운 대화가 실려 있습니다.

영성체를 한 뒤에 그분께 말씀드렸다. "예수님, 저는 어젯밤에 아주 여러 번 주님을 생각했습니다." 그러자 예수님이 답하셨다. **"나 역시 네가 태어나기 전부터 너를 생각하였다.** (중략) **내가 이 세상을 만들기 전에 벌써 나는 네가 지금 경험하고 있는 그런 사랑으로 너를 사랑하였다. 오랜 세월을 두고 나의 사랑은 절대 변하지 않을 것이다."**(1292; 1754)

하느님은 여러분이 태어나기 전부터 여러분을 '생각하셨습니다.' 그리고 프란치스코 교황의 말처럼 "하느님은 언제나 자비의 마음으로 생각하십니다."(2013년 3월 27일 알현)

그저 모든 사람들이 아니라 각각의 사람들

베네딕토 16세 교황은 교황으로서 행한 첫 번째 강론에서 단지 인류가 '진화'한 것이 아니라 우리들 각자가 하느님의 생각으로 존재하게 되었음을 강조했습니다.

"우리는 단지 우연하고 무의미한 진화의 산물이 아닙니다. 우리 각자는 하느님의 생각에서 비롯된 결과입니다. 우리 각자가 의도되었고 우리 각자가 사랑받고 있으며, 우리 각자가 필연적입니다."[8]

여러분이 존재하는 것은 하느님께서 여러분을 생각하셨기 때문입니다. 그분은 여러분에 관한 모든 것을 알고 계십니다. 여러분이 하려는 일도 아시고, 여러분의 신체적 특징이나 정서적 특징, 정신적 특징까지도 모두 아십니다. 그리고 어머니와 아버지를 통해 태어날 수도 있었던 수백만의 아이들 가운데서 바로 당신을 선택하셨습니다. 정말 놀라운 일입니다! 이것이 바로 인간 각자의 존엄성입니다.

그리고 이것이 바로 낙태가 언제나 나쁜 이유입니다. 강간이나 근친상간을 당한 경우라도 낙태는 잘못된 일입니다. 죄에 의해 아무리 비극적이고, 아무리 난폭하며, 아무리 끔찍한 상황이 벌어졌다 해도, 진짜 현실은 하느님께서 바로 그 결합에서 태어날 수 있는 각 사람을 아시고 태어나길 원하는 바로 그 사람을 선택하신다는 것입니다. 그리고 하느님은 그 아이를 영원토록 사랑하겠노라 약속하십니다.

성 요한 바오로 2세 교황은 교황으로 있는 동안 줄곧 우리에게 각각의 인간이 지닌 존엄성에 대해 가르치고자 애썼습니다. 2000년 4월 30일 파우스티나 성녀 시성식 강론에서 교황은 이렇게 말했습니다.

"하느님 자비의 메시지는 함축적으로 모든 인류의 가치에 관한 메시지이기도 합니다. 각각의 사람은 하느님 눈에 소중합니다. 그리스도께서는 각 사람을 위해 자신의 생명을 내어놓으셨습니다. 성부 하느님께서는 모든 이에게 그분의 영을 주시고 친밀한 관계를 맺고자 하십니다."

하느님은 단지 세상을 사랑하신 것이 아닙니다. 하느님은 바로 당신을 사랑하셨습니다. 그리스도는 단지 인류를 위해 고통당하고 돌아가신 것이 아닙니다. 그리스도는 바로 당신을 위하여 고통당하고 돌아가셨습니다. 십자가에 달린 그리스도는 인간이셨습니다. 그러나 동시에 신이기도 했습니다. 그분은 십자가에서 여러분을 알고 사랑하셨을 뿐 아니라, 그분의 온 생애 동안 여러분을 알고 사랑하셨습니다.

"예수님께서는 당신의 일생, 고뇌와 수난 동안 우리들 모두와 각자를 알고 사랑하셨으며, 우리 하나하나를 위하여 자신을 내어 주셨다."(가톨릭 교회 교리서, 478항)

얼마나 굉장한 사실입니까! 하느님께서는 나를 창조하시기도 전에 나에 대한 모든 것을 아셨습니다. 게다가 내가 살기를 원하셨습니다! 그리스도는 십자가에서 나를 보시고 나를 구원하시고자 돌아가셨습니다. 삶의 많은 시간 동안 나는 그것을 전혀 알지 못했습니다. 우리 각자가 하느님께 얼마나 특별한지 나는 전혀 깨닫지 못했습니다. 내가 어떻게 무엇인가에 대해 걱정할 수 있을까요? 나에 대한 모든 것을 아시고 나를 생각하시며 존재하도록 하신 하느님께, 당신 외아들을 보내 나를 위해 수난하고 죽게 하신 이 아버지께 어떻게 의탁하지 않을 수 있을까요?

여러 해 전에 하느님께서 어떻게 우리 각자를 개별적으로 선택하고 사랑하시는지에 대한 강연을 준비하면서 저는 '하느님 아버지가 당신 자녀들에게 보내는 러브레터'라고 부르는 성경 구절들을 추려서 한데 모았습니다.

직접 읽으면서 여러분 각자에게 개별적으로 말씀하고 계시는 하느님 아버지의 모습을 떠올려 보기 바랍니다.

"내가 너를 구원하였으니 두려워하지 마라. 내가 너를 지명하여 불렀으니 너는 나의 것이다."(이사 43,1) "모태에서 너를 빚기 전에 나는 너를 알았다."(예레 1,5) "보라, 나는 너를 내 손바닥에 새겼다."(이사 49,16) "나는 너를 영원한 사랑으로 사랑하였다."(예레 31,3) "네가 나의 눈에 값지고 소중하며 내가 너를 사랑하기 때문이다."(이사 43,4) "그분께서는 너희의 머리카락까지 다 세어 두셨다."(마태 10,30)

"여인이 제 젖먹이를 잊을 수 있느냐? 제 몸에서 난 아기를 가엾이 여기지 않을 수 있느냐? 설령 여인들은 잊는다 하더라도 나는 너를 잊지 않는다."(이사 49,15) "산들이 밀려나고 언덕들이 흔들린다 하여도 나의 자애는 너에게서 밀려나지 아니하리라."(이사 54,10) "나는 또 너희에게 아버지가 되고 너희는 나에게 아들딸이 되리라."(2코린 6,18)

"나는 너희를 위하여 몸소 마련한 계획을 분명히 알고 있다. … 그것은 평화를 위한 계획이지 재앙을 위한 계획이 아니므로, 나는 너희에게 미래와 희망을 주고자 한다. 그러니 너희가 나를 부르며 다가와 나에게 기도하면 너희 기도를 들어주겠다. …온 마음으로 나를 구하면 내가 너희를 만나 주겠다."(예레 29,11-14)

여러분 각자는 하느님께 이토록 중요합니다. 하느님은 이토록 다정하게 여러분을 개별적으로 사랑하시며, 그분의 계획을 완수하여 여러분을 삼위일체 안으로 이끌어 들이시기를, 그분의 가정 안에 맞아들이시기를 이토록 깊이 원하십니다.

그리스도 안에서 하나

자, 이제 하느님의 계획에서 우리가 살펴보아야 할 것은 그 마지막 차원 한 가지만 남았습니다. 이것은 매우 실제적인 의미에서 이제까지 우리가 살펴봤던 모든 것들의 절정입니다.

우리에게 가장 필요한 것은 우리가 하느님으로부터 얼마나 사랑받고 있는지를 이해하는 것, 즉 정말로 알게 되는 것이라고 저는 확신합니다. 단지 '머리로 아는 지식'일 뿐 아니라 '마음으로 느끼는 앎'이 되어야 합니다. 나는 내 모든 존재를 통해 하느님께서 나의 진짜 아버지이심을 알아야 합니다. 그리고 그분께서는 내가 태어나기를 원하셨고, 나를 선택하셨으며, 다른 어느 누구를 사랑하셨던 것과 다르게 나를 사랑하셨음을 알아야 합니다. 그리고 나를 향한 그분의 계획은 내가 영원히 그분과 함께하는 것임을 알아야 합니다.

그런 다음에 나는 다른 이들에 대해서도 이 모든 것이 마찬가지임을 이해할 필요가 있습니다. 그리고 그분의 다른 자녀들 각각에 대해서도 마찬가지임을 이해해야 합니다. 우리 각자는 하느님의 '마음에 드는 자녀'입니다. 하느님은 우리 각자를 완전히 고유한 방식으로 한 사람씩 사랑하십니다. 그리고 여느 좋은 아버지처럼 그분이 가장 크게 바라시는 것은 그분이 우리를 사랑하시는 것과 같은 방식으로 우리가 서로를 사랑하는 것입니다. 하느님은 우리 모두가 그분 안에서 하나 되길 가장 원하십니다.

이것이 바로 우리를 삼위일체 안으로 이끌어 들이시려는 그분 계획의 마지막 차원입니다. 성 바오로 사도는 에페소 신자들에게 보내는 서간에서 이 마지막 차원에 대해 설명하고 있습니다.

> "하느님께서는 그리스도 안에서 미리 세우시고, 그리스도 안에서 수행될 당신 계획의 신비를 완전히 이해할 수 있는 지혜를 우리에게 주셨습니다. 그것은 때가 차면 하늘과 땅에 있는 만물을 그리스도 안에서 한데 모으는 계획입니다."(에페 1,3-4. 9-10 참조)

이 계획은 그리스도 안에서 실행되는 것입니다. 그리스도에 의해서라고 하지 않고 그리스도 안에서라고 말하고 있음에 주목하십시오. 이점은 나중에 좀 더 명확하게 다룰 것입니다.

성 바오로 사도가 이 계획의 궁극적 목적으로 밝히고 있는 것은 무엇입니까? 만물을 그리스도 안에서 하나로 모으는 것입니다. 이는 그리스도인 대부분에게 익숙한 구절입니다. 그러나 그것이 진짜 의미하는 바는 무엇입니까? 그리스도께서 마지막 만찬 때 제자들을 가르치셨듯이, 우리에게도 가르침을 주시도록 허락합시다.

그토록 많은 일이 일어난 장소는 건물 2층에 있는 만찬실입니다. 과월절 식사가 끝나고 유다는 주님을 배신하려고 이미 자리를 떴습니다. 예수님은 제자들에게 마지막으로 설교를 하고 계십니다. 겟세마니의 수난으로 들어가시기 직전입니다. 예수님은 제자들에게 무언가 새로운 것을 주심으로써 시작하십니다.

"내가 너희에게 새 계명을 준다. 서로 사랑하여라. 내가 너희를 사랑한 것처럼 너희도 서로 사랑하여라."(요한 13,34)

그리고 나서, 예수님께서는 그분 말씀의 의미를 우리가 이해할 수 있도록 도움을 주시고자 당신께서 삼위일체 안에서 사랑하고 사랑받은 방식을 얼핏 보여 주십니다. 그것은 너무도 가깝고 너무도 완전하여 각 위격이 서로의 '안에 머무르는 것' indwelling을 반드시 수반합니다.

예수님께서 제자들에게 아버지에 대해 말씀하시기 시작하자, 필립보가 그분의 말을 가로막으며 청합니다. "주님, 저희가 아버지를 뵙게 해 주십시오." 그러자 예수님께서 답하십니다.

"나를 본 사람은 곧 아버지를 뵌 것이다. 그런데 너는 어찌하여 '저희가 아버지를 뵙게 해 주십시오.' 하느냐? 내가 아버지 안에 있고 아버지께서 내 안에 계시다는 것을 너는 믿지 않느냐? 내가 너희에게 하는 말은 나 스스로 하는 말이 아니다. 내 안에 머무르시는 아버지께서 당신의 일을 하시는 것이다. 내가 아버지 안에 있고 아버지께서 내 안에 계시다고 한 말을 믿어라."(요한 14,8-11)

대사제 기도

제자들에게 전하는 설교 끝에 주님께서는 그들이 있는 앞에서 아버지께 큰 소리로 기도하기 시작하십니다. 이것이 바로 '예수님의 대사제 기도' 혹은 '일치의 기도'라고 하는 것입니다. 이 기도는 여러 복음서에 기록된 기도들 가운데 가장 긴 기도이며, 저에게는 가장 열정적인 기도입니다. 이 기도에서 그리스도께서는 여러분과 저를 향한 가장 큰 바람을 드러내고 계십니다. 이 바람은 그분께 너무도 중요한 것이어서 그분은 한 번이 아니라 무려 네 번이나 아버지께 간구하십니다.

"아버지, …이들도 우리처럼 하나가 되게 해 주십시오."(요한 17,11)

"저는 이들만이(제자들만이) 아니라 이들의 말을 듣고 저를 믿는 이들을 위해서도 빕니다. 그들이 모두 하나가 되게 해 주십시오. 아버지, 아버지께서 제 안에 계시고 제가 아버지 안에 있듯이, 그들도 우리 안에 있게 해 주십시오."(요한 17,20-21)

"우리가 하나인 것처럼 그들도 하나가 되게 하려는 것입니다. 저는 그들 안에 있고 아버지께서는 제 안에 계십니다. 이는 그들이 완전히 하나가 되게 하려는 것입니다."(요한 17,22-23)

    이 복음 부분을 읽고 그냥 넘어가지 마십시오. 잠시 머무르며 이 장면에서 정말 무슨 일이 일어나고 있는지를 이해하도록 노력해 보십시오.

    그리스도께서는 자신의 때가 왔음을 알고 계십니다. 그분은 유다가 이미 자신을 배신하려고 만찬실을 떠났음을 알고 계십니다. 그리고 제자들에게 이야기하기를 마치고 나면 곧 겟세마니로 가서 상상할 수 있는 가장 큰 고통을 겪어야 할 때가 닥치리라는 것을 알고 계십니다.

    이 절박한 순간에 그분이 생각하고 계신 것은 무엇일까요? 자신의 번민과 죽음입니까? 그렇지 않습니다. 예수님은 여러분과 저에 대해 생각하고 계십니다. 그리고 그분께서 우리를 위하여 죽으실 만큼 우리가 그분께 가치 있는 존재임을 여러분과 제가 듣고 이해할 수 있도록 소리 내어 아버지께 기도하고 계십니다.

자비의 계획, 곧 영원으로부터 "아버지의 마음에 품은 계획"[9]은 이제 때가 차서 그리스도의 마음에 뿌리를 내렸습니다. 너무도 완전하게 뿌리를 내렸기에 그분은 그 계획을 완수하고자 기꺼이 고통을 겪고 죽고자 하십니다. 성부 하느님의 가장 큰 바람은 곧 성자 예수님의 가장 큰 바람입니다. 바로 여러분과 제가 그분 안에서 하나가 되는 것입니다.

우리는 이 계획을 정말로 '득'得할 필요가 있습니다.

이번 장은 무척이나 길어졌습니다. 저는 여러분에게 무척이나 많은 내용을 전달했습니다만, 여러분이 정보 과부하에 걸리지는 않기를 바랍니다. 그래서 제가 전달한 내용의 조각들을 함께 연결하고자 합니다. 더 진도를 나가기 전에 이 모두가 대체 무엇에 관한 것인지 제대로 이해하는 것이 중요하기 때문입니다.

궁극적 진실은 바로 아버지, 자녀, 사랑입니다. 그리고 이 진실은 삼위일체 안에, 다른 모든 가정들의 근원이 되는 바로 그 가정 안에서 영원히 표현됩니다.

성부는 영원히 아버지이십니다. 그것은 단지 그분의 직함이 아닙니다. 그분의 온 존재입니다. 그분은 아버지 역할에서 떨어져 따로 존재하지 않습니다. 성자와 사랑하는 관계에서 떨어져 따로 존재하지 않습니다.

성자는 영원히 아들이십니다. 그분은 아들 역할에서 떨어져 따로 존재하지 않습니다. 성부와 사랑하는 관계에서 떨어져 따로 존재하지 않습니다.

성령은 영원히 성부와 성자의 사랑이십니다. 그분은 그 사랑과 떨어져 따로 존재하지 않습니다. 그분은 사랑의 화신化身이십니다.

"성부는 온전히 성자 안에 계시고 또 온전히 성령 안에 계시며, 성자는 온전히 성부 안에 계시고 또 온전히 성령 안에 계시며, 성령은 온전히 성부 안에 계시고 또 온전히 성자 안에 계신다."

(『가톨릭 교회 교리서』 255항)

삼위일체는 자신을 내어 주는 끝없는 상호 인격적인 사랑으로 완전하게 일치된 가정입니다. 그리고 여러분과 제가 존재하는 것은 하느님 아버지께서 우리가 그 가정에 참여하기를 원하시기 때문입니다. 그것이 바로 그분의 계획입니다.

세상이 시작되기 전에 하느님은 여러분을 보셨고, 아셨고, 사랑하셨고, 선택하셨고, 그리고 여러분의 아버지가 되셨습니다. 어머니의 자궁에서 여러분을 사랑으로 엮으셨듯이, 그분은 여러분을 생각하시어 존재하게 하셨습니다. 그리고 저를 위해서도 같은 일을 하셨습니다.

우리가 서로에 대한 사랑으로 하나가 되는 것이 그리스도의 가장 큰 바람이라니, 정말 경이롭지 않습니까? 우리가 그분의 사랑 안에 살고, 그분이 우리를 사랑하시듯 우리가 서로 사랑하게 되는 법을 배우게 되었을 때라야 하느님 아버지의 자비의 계획은 실현될 수 있습니다.

두 번째 비밀
괜찮은 정도로는 괜찮지 않습니다

성인이 되는 것은 사치가 아니라 필수입니다.
– 프란치스코 교황, 2014년 2월 23일 강론

첫 번째 비밀에서 우리는 하느님의 자비의 계획이라는 '기쁜 소식'을 살펴보았습니다. 하느님 아버지께서 우리 각자가 그분과 함께 삼위일체 안으로 들어오기를 원하신다는 놀라운 진실 말입니다.

이제는 '나쁜 소식'을 살펴볼 차례입니다.

거룩하지 못한 어떤 것도 하느님의 거룩함에 들 수 없습니다. 마침표. 문장 종결.

저는 이것을 알지 못했습니다. 성인들이 거룩하다는 것은 알았지만, 모두가 거룩해져야 한다고, 나 자신 또한 거룩해져야 한다고 말하는 사람이 있었는지도 전혀 기억나지 않습니다. 저는 성인들을 우러러보았고, 어느 정도는 더 나은 사람이 되어야겠다는 생각이 일기도 했습니다. 하지만 저 자신이 성인들 가운데 하나가 되어야 한다는 생각이 든 적은 한 번도 없었습니다. 성인들은 하느님이 선별하신 특별한 사람들이었습니다.

저에게는 괜찮은 정도로도 충분히 괜찮았습니다. 저는 성당에 나갔고, 규율을 지키려고 노력했으며, 좋은 사람이 되고자 애썼습니다. 그러나 저 자신이 정말로 성인이 된다는 생각은 제 레이더에 감지되지 않았습니다.

아버지의 나라가 오시며…

결국 저는 어른이 되고 나서야 거룩함에 대한 보편적 소명(「가톨릭 교회 교리서」, 2013항 참조)을 이해하기 시작했습니다. 이는 언제나 교회의 가르침에 포함되어 있었습니다. 하느님께서는 우리 각자가 거룩해지기를 원하시며, 이것은 선택 사항이 아니라 필수 요건입니다. 성 바오로 사도는 이점을 무척 분명하게 언급하고 있습니다.

"모든 사람과 평화롭게 지내고 거룩하게 살도록 힘쓰십시오. 거룩해지지 않고는 아무도 주님을 뵙지 못할 것입니다."(히브 12,14)

"하느님의 뜻은 바로 여러분이 거룩한 사람이 되는 것입니다. 곧 여러분이 불륜을 멀리하고… 하느님께서는 여러분을 더러움 속에서 살라고 부르신 것이 아니라, 거룩하게 살라고 부르셨기 때문입니다."(1테살 4,3.7)

"이것을 꼭 알아 두십시오. 불륜을 저지르는 자나 더러운 자나 탐욕을 부리는 자 곧 우상 숭배자는 그리스도와 하느님의 나라에서 받을 몫이 없습니다."(에페 5,5)

"그러므로 여러분 안에 있는 현세적인 것들, 곧 불륜, 더러움, 욕정, 나쁜 욕망, 탐욕을 죽이십시오. 탐욕은 우상 숭배입니다."(콜로 3,5)

하느님을 뵙길 원한다면, 그분 나라의 상속자가 되어 그리스도와 함께 삼위일체 안에 살기를 원한다면 이것은 필수 요건입니다. 삼위일체는 가족들이 서로 잘 지내지 못하는, 문제 있는 가정이 아닙니다. 하느님의 가정에서 살기 위해서는 하느님처럼 될 필요가 있습니다. 그분이 거룩하시듯 우리도 거룩해져야 합니다. 거룩함은 하늘나라에 들어가기 위한 전제 조건입니다. 성 바오로 사도는 더욱 구체적으로 밝히고 있습니다.

"내 말은 이렇습니다. 성령의 인도에 따라 살아가십시오. 그러면 육의 욕망을 채우지 않게 될 것입니다. 육의 행실은 자명합니

다."(갈라 5,16.19)

저는 언제나 이 지점에서 잠시 멈추어 싱긋 웃게 됩니다. 성 바오로 사도는 육의 행실이 자명하다고 이야기해 놓고는 그것이 우리에게는 자명하지 않을까 봐 곧이어 그 행실들을 일일이 나열하고 있습니다.

"그것은 곧 불륜, 더러움, 방탕, 우상 숭배, 마술, 적개심, 분쟁, 시기, 격분, 이기심, 분열, 분파, 질투, 만취, 흥청대는 술판, 그밖에 이와 비슷한 것들입니다. 내가 여러분에게 이미 경고한 그대로 이제 다시 경고합니다. 이런 짓을 저지르는 자들은 하느님의 나라를 차지하지 못할 것입니다. 그러나 성령의 열매는 사랑, 기쁨, 평화, 인내, 호의, 선의, 성실, 온유, 절제입니다."(갈라 5,19-23)

그러므로 성 바오로 사도에 따르면, 우리가 하느님의 나라를 차지하고자 한다면 거룩해져야 할 필요가 있습니다. 그리스도께서도 직접 우리에게 말씀하십니다. "너희의 의로움이 율법 학자들과 바리사이들의 의로움을 능가하지 않으면, 결코 하늘나라에 들어가지 못할 것이다."(마태 5,20)

성경에는 하느님께서 우리가 정확히 얼마나 거룩해지기를 원하시는지 알려 주는 세 가지 명령이 제시되어 있습니다. 여러분이 주저앉을지도 모르겠습니다. 하느님께서는 합격선을 아주 높이 설정해 두셨습니다.

"너희는 자신을 거룩하게 하여 거룩한 사람이 되어야 한다. 내가 주 너희 하느님이기 때문이다."(레위 20,7)

"그러므로 하늘의 너희 아버지께서 완전하신 것처럼 너희도 완전한 사람이 되어야 한다."(마태 5,48)

"너희 아버지께서 자비하신 것처럼 너희도 자비로운 사람이 되어라."(루카 6,36)

하느님께서는 여러분과 제가 거룩하기를 기대하시고 또 요구하십니다. 바로 그분께서 거룩하시기 때문입니다. 이 거룩함이란 어떻게 이루어질까요? 그분이 완전하신 것처럼 완전해지는 것입니다. 이 완전함은 어떻게 표현되어야 할까요? 그분이 자비하신 것처럼 자비로운 사람이 되는 것입니다. 이것은 따르기 너무 어려운 명령입니다. 하느님께서 우리에게 내리신 삼중 명령은 실현 불가능한 듯 보입니다. 하느님은 우리가 바로 하느님 당신처럼 거룩해지기를 기대하고 계십니다.

거룩함의 역설

하지만 여기에는 한 가지 역설이 있습니다. 역설이란 무엇입니까? 명백한 모순이지요. 두 진술이 겉으로는 불합리하거나 모순되는 듯 보이지만, 실제로는 진리를 표현하고 있을 때 그것을 역설이라고 합니다(G. K. 체스터턴은 역설이란 '관심을 끌기 위해 물구나무서기를 하고 있는 진리'라고 정의했습니다).[10]

우리가 살펴본 바와 같이, 성경에서는 하느님이 거룩하시듯 우리 또한 거룩해야 한다고 여러 차례 반복해서 말하고 있습니다. 그러나 성경에는 다음과 같은 말들도 있습니다.

> "주님처럼 거룩하신 분이 없습니다."(1사무 2,2)
>
> "주님, 주님을 경외하지 않을 자 누구이며 주님의 이름을 찬양하지 않을 자 누구입니까? 정녕 주님 홀로 거룩하십니다."(묵시 15,4)

우리는 교회의 가르침과 전례에서도 같은 역설을 발견하게 됩니다. 『가톨릭 교회 교리서』에서는 이렇게 말하고 있습니다.

> "'어떠한 신분이나 계층이든 모든 그리스도인은 그리스도교 생활의 완성과 사랑의 완덕으로' 부름을 받는다. 인간은 모두가 성덕의 소명을 받았다."(2013항)

하지만 우리는 매주 주일 미사에서 대영광송을 부르며 이렇게 선포합니다.

"홀로 거룩하시고, 홀로 주님이시며, 홀로 높으신 예수 그리스도 님"(미사 통상문)

그렇다면 이 명백한 모순을 어떻게 절충할 수 있을까요? 오직 하느님만이 거룩하시다면 그분께서는 어떻게 우리 또한 거룩해지기를 요구하실 수 있을까요?

하느님의 계획에 대해서 살펴봤던 것들을 모두 다시 떠올려 봅시다. 하느님 아버지께서는 우리 각자를 삼위일체로 이끌어 들이시려는 계획을 가지고 계십니다. 우리는 신적으로 인간이 되도록, 신적인 생명에 참여하도록 부름받았습니다. 우리는 그리스도 안에 살고 그리스도는 우리 안에 살도록 부름받았습니다.

거룩한 존재와 완전히 하나 된 존재

우리에게 요구되는 거룩함이란 우리 자신의 거룩함이 아니라, 성령이 우리 안에 머무심으로써 우리 안에 있는 하느님의 거룩함입니다. 우리 스스로 거룩함에 이를 수는 없습니다. 우리가 거룩해질 수 있는 유일한 방법은 하느님의 거룩함에 참여하는 것입니다.

영어 단어를 가지고 말장난을 조금 해 본다면, 우리는 그리스도에게 홀리(wholly, 완전하게) 합체되는 만큼 홀리(holy, 거룩하게)해집니다. 그리스도만이 홀로 거룩한 존재이시기 때문입니다.

우리는 그분과 완전히 하나가 될 때 거룩해집니다. 그분의 거룩함이 우리 안에 머물고 우리의 삶을 완전하게 빛도록 허락함으로써 우리가 그분처럼 살고 사랑하기 시작할 때, 그분의 거룩함과 자비를 비추고 드러낼 때 우리는 거룩해지는 것입니다. 프란치스코 교황은 이것을 해와 달에 비유합니다.

> "우리 그리스도인들은 그리스도를 해로 여기고, 믿는 이들의 공동체인 교회를 달로 여깁니다. 달은 스스로 빛을 내지 못합니다. 해가 가려진다면 달은 어두워집니다. 해는 예수 그리스도입니다. …예수 그리스도를 제외하고 어느 누구도 스스로 빛을 내지 못합니다. …우리 각자가 참으로 그분의 빛과 사랑을 비추길 기원합니다."(2015년 7월 5일, 에콰도르)

우리에게 우리 스스로의 빛, 우리 스스로의 거룩함은 없습니다. 그러나 우리 각자는 보름달과 같이 되도록, 성자의 빛을 받아서 밝게 빛나도록 부름받았습니다. 일상생활에서 모든 거룩함의 근원이신 바로 그분의 거룩함을 비추도록 부름받은 것입니다.

자, 이제 정리해 봅시다. 하느님은 우리를 그분과 함께 삼위일체 안으로 이끌어 들이시기를 원하십니다. 하지만 우리가 거룩해질 때까지 그런 일은 일어날 수 없습니다. 우리가 그분처럼 될 때까지 우리는 그분과 함께 살 수 없기 때문입니다.

그렇다면 우리는 거기에 어떻게 이를 수 있을까요? 여러분은 어떤지 모르겠지만, 저는 스스로 거룩해지고자 노력해 보았으나 그럴 수 없었습니다. 저는 그렇게 할 수 없습니다. 저는 종종 성 바오로 사도처럼 불평하곤 합니다.

> "사실 내 안에, 곧 내 육 안에 선이 자리 잡고 있지 않음을 나는 압니다. 나에게 원의가 있기는 하지만 그 좋은 것을 하지는 못합니다. 선을 바라면서도 하지 못하고, 악을 바라지 않으면서도 그것을 하고 맙니다."(로마 7,18-19)

무엇이 문제일까요? 하느님께서 좀 더 쉽게 해 주실 수는 없었을까요? 우리가 거룩해지기를 원하신다면 처음부터 그렇게 만들어 주실 수는 없으셨던 걸까요?

창조 계획

사실 그분은 그렇게 하셨습니다. 적어도 우리가 거룩해질 수 있도록 우리를 창조하셨다는 의미에서 그렇습니다. 문제는 죄입니다. 하느님의 계획 안에 있던 창조를 살펴봅시다.

저는 의무적으로 주일 학교에 다녔던 어린 시절부터 누군가 하느님께서 우리를 어떻게 창조하셨느냐고 물으면 자랑스럽게 대답할 수 있었습니다. "그분의 모습대로, 그분과 비슷하게 창조하셨습니다." 당시에는 성당에 다니는 여느 아이들과 마찬가지로 저 역시 교리서Baltimore Catechism에 나오는 다양한 구절들을 순종적으로 암기했습니다. 그러나 여러 해가 지난 뒤에는 결국 제가 가장 좋아하는 질문을 던지게 되었습니다.

"그래서요? 우리가 그분의 모습대로 그분과 비슷하게 창조되었다는 게 대체 무슨 의미인 걸까요? 그분은 왜 우리를 그렇게 창조하신 겁니까?"

창세기에 나오는 인간 창조에 대한 이야기(1,26-27)는 매우 꼼꼼하고, 약간은 장황하게 느껴지기까지 해서 무척 흥미롭습니다. 이야기는 이렇게 시작됩니다.

하느님께서 말씀하셨다. "우리와 비슷하게 우리 모습으로 사람을 만들자."

한편으로는 하느님께서 왕으로서 스스로를 높여 복수로 표현하는 방식을 택하여 자신을 '우리'라고 말씀하신 것이라 해석할 수도 있습니다. 그러나 다른 한편으로는 이 '우리와 비슷하게 우리의 모습으로' 창조하는 과정에 완전한 삼위일체 전체가 참여하고 있음을 강조하신 것으로 이해할 수 있습니다. 이야기는 계속 이어집니다.

하느님께서는 이렇게 당신의 모습으로 사람을 창조하셨다.

그런 다음, 혹시라도 당신의 모습을 우리가 제대로 이해하지 못할까 봐, 조금 다른 어휘들로 같은 이야기가 반복되고 있습니다.

하느님의 모습으로 사람을 창조하시되

반드시 그럴 필요가 없는 것 같은데도 굳이 같은 이야기를 반복함으로써 강조하고자 했던 것은 무엇일까요? 그것은 바로 신성神性입니다. 우리는 신神이신 삼위일체의 세 위격을 닮도록 창조되었습니다.

조금 더 깊이 들어가 보도록 합시다. 「가톨릭 교회 교리서」에서는 '말씀이 사람이 되셨을 때'의 그리스도의 육신에 대한 가르침을 전달하면서 이렇게 설명합니다. "예수님의 육체를 통하여 '…하느님께서 보이는 인간으로 나타나셨다.' …실제로 그리스도의 육체가 지닌 개별적인 특성들은 하느님 아들의 신적 위격을 표현한다."(477항)

그러므로 그리스도의 인간 육체가 지닌 개별적인 특성들은 그분의 신성을 드러내고 표현합니다. 하지만 그것은 그리스도의 육체에 대해서만 참이 아닌가요? 오직 그분이 하느님이시기 때문 아닌가요?

그렇지 않습니다. 그리스도는 그분의 인성에서 "죄 말고는 모든 일에서 우리와 똑같으시고"(『가톨릭 교회 교리서』, 467항), 그러므로 그분의 육체 또한 우리의 육체와 똑같습니다.

"사람은 하느님께서 당신의 손으로 만드셨다. …그리고 그의 육신에 당신의 모습을 그려 넣으셔서, 눈에 보이는 것까지도 하느님의 형상을 지니게 하셨다."(『가톨릭 교회 교리서』, 704항)

그렇다면 이 모든 것이 우리에게 말해 주는 것은 무엇입니까? 하느님께서는 언젠가 자신의 계획을 완수할 수 있도록(우리를 삼위일체 안으로 이끌어 들이시어 그분의 신적인 삶의 방식에 참여하게 하시고자), 우리의 물리적 육체까지도 그분의 신성, 그분의 거룩함을 비추고 표현할 수 있을 만큼, 그분과 완전히 비슷하게 우리를 창조하셨습니다(이에 대해서는 일곱 번째 비밀을 다루면서 다시 살펴보겠습니다).

그런데 그 뒤에 죄가 찾아왔습니다. 우리는 우리의 육체까지도 하느님의 신성한 아름다움과 거룩함을 비추도록 창조되었지만, 죄에 의해 흉하게 손상되고 말았습니다.

> "죄와 죽음으로 그 모습이 손상되기는 했지만, 인간은 온전히 '하느님의 모습', 성자의 모습을 지니고 있다. 그러나 인간은 '하느님의 영광을 상실하였으며' 그 '유사성'을 잃어버렸다."(『가톨릭 교회 교리서』 705항)

갑자기 우리는 더 이상 하느님과 닮지 않게 되었습니다. 우리는 여전히 그분의 모습 안에 있지만 우리 안에 있는 그분의 모습은 이제 손상되었습니다. 하느님에 대한 유사성이 상실되었기 때문입니다. 우리는 그분처럼 보지 않습니다. 우리는 그분처럼 생각하지 않습니다. 우리는 그분처럼 행동하지 않습니다. 우리는 그분처럼 사랑하지 않습니다. 그래서 하느님은 말씀하십니다. "그래, 좋다. 그 계획은 이쯤에서 접기로 하자! 그들이 계획을 날려 버렸다. 이번 무리는 쓸어버려야겠다. 그리고 더 좋은 흙을 가지고 다시 시작해야겠다."

터무니없이 들리지 않습니까? 하지만 그분은 정말 그렇게 하실 수도 있으셨습니다. 어찌 되었든 그분은 하느님이시니까요. 하느님은 우리를 향한 원래 계획을 거두시고 다른 존재들을 창조하실 수도 있으셨습니다.

은총

하지만 하느님은 그렇게 하지 않으셨습니다. 왜 그렇게 하지 않으셨을까요? 우리를 사랑하셨기 때문입니다. 그리스도 안에서 우리를 창조하신 성부 하느님은 이제 그리스도를 보내 우리를 다시 창조하도록, 그리하여 우리가 하느님과의 유사성 안에서 회복되도록 하십니다.

"성자께서는 '인간의 모습'을 취하시어 그 '영광', 곧 만물을 '살리시는' 성령을 주시고 성부에 대한 '유사성'을 회복시켜 주실 것이다."(『가톨릭 교회 교리서』 705항)

"인간은 '보이지 않는 하느님의 모상'이신 그리스도 안에서 창조주를 '닮은 모습'으로 창조되었다. 구원자이시며 구세주이신 그리스도 안에서, 원죄 때문에 인간 안에서 일그러진 하느님의 모상은 그 본래의 아름다움이 복원되었고, 하느님의 은총으로 고

귀한 품위를 지니게 되었다."(『가톨릭 교회 교리서』, 1701항)

"그리스도의 은총은 죄가 우리 안에서 훼손한 것을 회복한다." (『가톨릭 교회 교리서』, 1708항)

그분의 은총이 우리를 회복시킵니다. 은총이란 그리스도인 대부분에게 익숙한 말입니다. 하지만 그 말의 의미는 무엇입니까? 그리고 은총은 어떻게 우리를 회복시킵니까?

저는 늘 은총이 무엇인지 알고 있다고 생각했습니다. 저에게 은총이란 우리가 청할 때 하느님께서 주시는 일종의 도움 같은 것이었습니다. 그리고 저는 은총을 많이 청했습니다. "주님, 이번 시험을 잘 볼 수 있는 은총을 주소서." "이 나쁜 버릇을 극복할 수 있는 은총을 주소서." "우리 아들에게 더 깊은 회심의 은총을 주소서." "이 고통을 견딜 수 있는 은총을 주소서." 등등.

은총이란 정말로 하느님께서 우리에게 주시는 어떤 도움일까요? 그렇습니다. 하지만 은총이란 그 이상의 것이기도 합니다! 그리고 은총은 바로 우리가 부름받은 거룩함으로 들어가는 방법입니다.

『가톨릭 교회 교리서』에서는 은총에 관한 논의를 시작하면서 은총은 "하느님께서 우리에게 베푸시는 호의이며 거저 주시는 도움이다."(1996항)라고 말합니다.

자, 여기까지는 다 좋습니다. 제가 그동안 옳았던 것 같습니다. 은총은 바로 도움입니다. 하지만 그것이 전부는 아닙니다! 은총은 하느님께서 구체적인 목적을 위하여 우리에게 베푸시는 도움입니다. "하느님의 자녀 곧 양자가 되고 신성神性과 영원한 생명을 나누어 받는 사람이 되라는 하느님의 부름에 응답하도록"(1996항) 주시는 도움입니다. 그렇다면 결론적으로 은총이란 무엇입니까?

"은총은 하느님의 생명에 대한 참여이다. 곧 은총은 우리를 성삼위의 내적 생활 안으로 이끌어 준다."(『가톨릭 교회 교리서』 1997항)

이러한 은총에 관한 논의의 시작 부분은 익숙하게 들리지 않습니까? 이미 우리가 살펴본 내용이 다시 나온 것 같지 않은가요? 우리를 안으로 이끌어 준다? 삼위일체의 생활 안으로? 그것이 바로 여러분과 제가 창조된 이유였지요. 기억나십니까? 하느님 아버지께서는 우리 각자를 삼위일체 안으로 이끌어 들이기를 원하십니다. 그런데 그것만이 아니라 아직 더 많은 내용이 있습니다.

"그리스도의 은총은 무상의 선물이며, 하느님께서 우리 영혼을 죄에서 치유하여 거룩하게 하시려고 성령을 통해서 우리의 영혼

안에 불어넣어 주시는 당신 생명이다."(『가톨릭 교회 교리서』, 1999)

은총이란 우리에게 쏟아 주시는 그리스도의 생명. 그리스도의 거룩함입니다. 그리스도께서는 우리를 죄에서 치유해 주시고 하느님의 자녀로 회복시켜 주시며 우리를 거룩하게 하시려고, 그리하여 성부께서 자비의 계획을 완수하시고 우리를 그분과 함께하는 삼위일체 안으로 이끌어 들일 수 있게 하시려고 은총을 우리에게 쏟아부어 주십니다.

그리스도께서는 특히 성사를 통하여 은총을 부어 주십니다. 제가 이 글을 쓰고 있는 동안 어릴 때 외웠던 교리서의 한 구절이 문득 떠올랐습니다. "성사란 그리스도께서 은총을 주시고자 제정하신 외적 표징이다."

성사의 목적은 우리에게 은총을 주는 것, 우리를 치유하고 거룩하게 하는 것, 그리하여 우리가 하느님처럼 될 수 있고 궁극적으로 그분과 영원토록 함께할 수 있게 하는 것입니다. 성사를 통하여 그리스도는 우리를 다시 창조하고, 우리의 손상된 본성을 회복하여 우리가 그분을 다시 닮을 수 있게 하십니다. "우리가 그리스도 안에서 하느님의 의로움이 되게"(2코린 5,21) 하십니다.

거룩함을 향한 갈망

저는 이러한 사실을 알게 되었을 때 제 영적 지도 신부에게 어떻게 하면 이 과정을 재촉할 수 있겠는지, 거룩하게 되기 위해 제가 무엇을 할 수 있겠는지 물어보았습니다. 영적 지도 신부는 말했습니다. "그것을 갈망하되 인내심을 가져야 하네. 계속해서 더 많이 갈망할수록 그것을 받아들일 수 있는 자네의 역량도 더 많이 늘어날 테니까."

성 요한 바오로 2세 교황의 저술과 담화에도 같은 지시 사항이 담겨 있습니다. 교황은 이 세상에 필요한 것은 "성덕에 대한 참된 갈망"(「제삼천년기」, 42항)이라고 말했습니다. 교황은 어디에 가든 젊은이나 노인이나 청중에게 성인이 되기를 두려워하지 말라고, 거룩함을 두려워하지 말라고, 오히려 거룩함을 갈망하라고, 거룩함을 위해 분투하라고, 감히 성인이 되고자 애쓰라고 도전하고 또 도전하였습니다.

교황의 설명에 따르면, 거룩함을 향한 이러한 분투에는 회심, 개인적 일신, 열렬한 기도, 이웃과 연대, 이 네 가지 사항이 반드시 수반됩니다.

이 내용을 읽었을 때 제게는 그것이 마치 기상나팔 소리처럼 들렸습니다. 와! 바로 나에게 하는 이야기로구나! 나는 거룩해지도록 부름받았습니다. 그리고 그렇게 되고 싶다면 그렇게 되기를 갈망하고 그렇게 되고자 애쓸 필요가 있습니다. 그리고 나 자신에게 공을 들여야 합니다. 나 자신을 회심시켜야 합니다. 내가 일신되어야 합니다. 내가 열렬히 기도해야 합니다. 이웃과 연대? 내가 다른 사람들에게 관심을 쏟아야 합니다.

자, 누군가 제게 기도할 만한 어떤 지향이 있는지를 묻는다면 "그럼요, 거룩함이죠!"라고 말할 것입니다. 제가 좋아하는 성가 한 곡에 이런 가사가 나옵니다.

"내가 갈망하는 것은 거룩함, 내게 필요한 것도 거룩함."[11]

세 번째 비밀
그것은 예수님 그림 그 이상입니다

자비는 그리스도 안에서 살아 있으며 눈에 보이는 것이 되었습니다.[12]

— 프란치스코 교황, 「자비의 얼굴」 1항

많은 사람들이 그러하듯, 저 역시 하느님 자비에 대해 생각할 때면 하느님 자비의 상본이 즉각 마음에 떠오릅니다. 이 상본은 1931년 파우스티나 성녀에게 나타나셨던 주님의 모습을 그린 것입니다.

파우스티나 성녀의 「일기」에 담긴 하느님 자비의 메시지를 탐구하고 수용하도록 사람들을 끌어들인 것은, 다른 무엇보다도 바로 이 상본이었습니다. 이 상본은 「일기」를 대표하는 얼굴입니다. 이 상본을 깊이 들여다보는 이들에게는 자비의 이야기 전체가 드러나 보입니다. 거기에는 파스카 신비 전체(수난, 죽음, 부활, 승천), 복음 전체, 「가톨릭 교회 교리서」 전체, 자비의 계획 전체가 요약되어 담겨 있습니다.

파우스티나 성녀의 「일기」는 자신의 모습을 그리라고 성녀에게 명령하시는 주님에 대한 이야기로 시작합니다.

"오, 영원한 사랑이시여, 사랑이신 주님, 주님께서는 주님의 거룩한 모습을 그리라고 명하시면서 상상을 초월하는 자비의 샘을 저희들에게 보여 주십니다."(「일기」 1)

어쩌면 제 기억이 잘못된 것일지도 모르겠습니다(사람들 말로는 기억이 가장 먼저 사라지는 것이라고 합니다). 아니면 단순히 제가 알지 못하는 사건들도 있을 수 있겠습니다. 하지만 우리 주님께서 그 백성에게 모습을 드러내시면서 직접 누군가에게 자신의 모습을 그리라고 요청하신 일이 이 사건 말고 일찍이 역사에 있었는지 모르겠습니다. 주님께서 파우스티나 성녀에게 하신 말씀은 매우 구체적이었습니다.

"네가 지금 보는 모습대로 초상화를 그려라."(「일기」 47)

파우스티나 성녀는 어찌할 바를 모르고 고해 신부에게 이 일을 이야기했습니다. 그녀는 이렇게 적고 있습니다.

내가 나의 고해 신부님에게 이 이야기를 했을 때, 나는 이런 대답을 받았다. "그것은 당신의 영혼에 관련된 것입니다." 그는 내게 말했다. "분명 당신의 영혼 안에 하느님의 초상을 그리라는 것입니다." 고해소에서 나올 때 나는 또다시 이런 말씀을 들었다. "내 초상화는 이미 네 영혼 안에 새겨져 있다. 나는 자비의 축일이 제정되기를 바란다. 나는 네가 붓으로 그린 이 초상화가 부활 주일 후 첫 주일에 성대하게 축성되기를 바란다. 그 주일은 자비의 축일이 되어야 한다."(『일기』, 49)

그리스도께서는 그녀가 자신의 명령을 수행하는 데 지체하고 있다며 나무라기까지 하셨습니다.

"네가 나의 초상화를 그리는 일과 자비의 사업 전체를 게을리한다면 심판의 날에 너는 많은 영혼들에 대해 책임을 져야 한다." (『일기』, 154)

가엾은 파우스티나 성녀. 그녀는 애를 썼지만 할 수 없었습니다. 그녀가 중학교에서 세 학기밖에 마치지 못한 단순한 폴란드 시골 소녀였음을 이해할 필요가 있습니다. 더욱이 미술 수업 따위는 들은 적도 없었습니다. 하지만 그리스도는 그녀에게 나타나 당신의 모습을 그리라고 말씀하셨습니다.

세라핌 미칼렌코, MIC[13] 신부는 이렇게 설명합니다.[14]

파우스티나 수녀는 그림과 관련해서 무언가를 해야겠다는 의무감을 느끼고 장상 수녀에게 찾아가 이야기했습니다. 장상 수녀가 말했습니다. "여기 캔버스와 물감이 있으니, 어서 가서 그리도록 하세요."

파우스티나 수녀는 말했지요. "저는 그림을 그릴 줄 모르는데요!" 다른 수녀들이 기억하기로 그녀는 종이를 벽에 붙인 뒤 목탄 한 조각을 집어다가 예수님의 형상을 그리려고 애를 썼습니다. 하지만 제대로 되지 않았습니다.

파우스티나 수녀는 다른 수녀들 가운데 한 수녀가 화가였으며 작은 꽃들을 가지고 아름다운 카드를 만들곤 했다는 사실을 알게 되었습니다. 그래서 그 수녀에게 그리스도의 초상화를 그려 달라고 부탁했습니다. 그런데 그 수녀가 말했습니다. "나는 꽃밖에 그릴 줄 몰라요. 초상화가는 아니거든요."

이야기가 시작되자 곧 파우스티나 수녀는 자신이 어떤 환시를 보았음을 말하고 있었습니다. 그녀가 그렇게 한 것은 자신을 알리려고 한 것이 아니라, 주님의 바람을 반드시 이루어 드려야 한다고 느끼면서도 스스로는 할 수 없었기 때문이었습니다.

그녀가 마침내 성공을 거두게 된 것은 빌니우스에 갔을 때 주님께서 그녀를 위해 정해놓으신 영적 지도 신부를 만난 뒤의 일입니다. 하지만 그 신부도 아주 오랜 시간이 지난 다음에야 그녀를 도와 화가를 찾아보기로 결정했습니다.

(여러분도 저와 마찬가지로 왜 주님께서 일을 좀 더 쉽게 만드실 수는 없었는지 궁금해한 적이 있다면 안심하십시오. 여러분은 지금 좋은 동반자와 함께하고 있으니까요.)

여기서 명확한 점은, 하느님 자비의 그림이 하느님께 무척이나 중요한 큰일이었다는 사실입니다. 하느님은 그것이 그려지길 원하셨고, 전시되어 사람들이 볼 수 있기를 바라셨습니다. 하느님의 자비가 눈에 보이는 것이 되길 원하셨던 것입니다.

첫 번째 하느님 자비의 그림(빌니우스의)은 파우스티나 성녀의 지휘 아래 1934년에 완성되었습니다. 그리고 그 뒤로 많은 화가들이 그녀가 본 환시 속 예수님의 모습을 포착하고자 시도했습니다. 오늘날 하느님 자비의 상본은 교회 역사에서 가장 잘 알려지고 가장 널리 공경받는 그리스도의 그림이 되었다고 할 수 있겠습니다.

그렇다면 뭐가 그렇게 중요한 큰일이었을까요? 이 그림이 그토록 특별한 까닭은 무엇일까요? 한 번 살펴보도록 합시다.

이콘? 우상?

오랜 세월에 걸쳐, 하느님 자비의 상본이 왜 이토록 다양한 형태로 나오게 되었는지, 어느 것이 정말 '맞는 것'인지에 대한 의문이(그리고 논쟁까지) 일었습니다.

정말 '맞는 것'은 없다는 것이 진실입니다. 하지만 그것을 보는 방식에는 옳은 방식과 틀린 방식이 있습니다. 기억해야 할 가장 중요한 사항은 하느님 자비의 상본을 우상이 아니라 이콘으로 봐야 한다는 것입니다.

그 둘은 어떻게 다른 걸까요? 머리말에서 언급했듯이, 이콘은 우리를 하느님께로 이끕니다. 이 용어에 대한 전문적인 정의에 따르자면, 진짜 이콘이란 그리스도, 하느님의 어머니, 천사, 성인 또는 거룩한 역사 속 사건을 상징적으로 재현하는 매우 구체적인 유형의 회화를 말합니다.

이코노그래퍼iconographer라고도 하는 이콘 화가는 전통적인 규정과 기술, 이콘 도상학의 스타일을 배우고 훈련을 받습니다. 그리고 주교에게 지명을 받는 일이 많습니다. 이콘을 하나 창작하려고 준비할 때는 자기 자신을 성령의 영감에 열어 둔 채로 단식하며, 최고의 재료들을 고르고 물감에 성유를 발라 축복합니다.

그는 자신이 단순히 그림을 그리고 있는 것이 아님을 의식하고 있습니다. 그는 거룩한 그림을 '쓰고' 있는 것입니다.

덜 형식적인 의미에서 이콘이라는 말은 신적인 인물이나 주제를 상징적으로 재현하여 그것을 보는 이가 그 안에 상징화된 신적 실체를 관상하는 데 도움을 주는 신성한 그림을 지칭하는 데 두루 사용될 수 있습니다.

반면에 우상이란, 우리를 하느님에게서 멀어지게 하는 것입니다. 우리는 보통 우상이라고 하면 어떤 신적인 권능이 있는 것처럼 사람들이 숭배하는 그림이나 조각상을 생각합니다. 우상 자체가 우리가 관심을 기울이고 숭배하는 대상이 됩니다.

하지만 무엇이든 우상이 될 수 있습니다. 어떤 것이든 우리의 관심과 숭배를 하느님에게서 멀리 떨어뜨려 자기 자신에게로 끌어들이는 사람이나 물건, 사상이나 대의는 모두 우상입니다.

그렇다면 이콘과 우상 사이의 차이점은 이러합니다. 이콘은 우리가 숭배하는 대상이 되지 않습니다. 오히려 이콘은 우리를 이콘 자체를 넘어서서 관상의 상태로 인도합니다. 마치 창문과 같이 이콘은 우리가 그것을 통하여 바라보도록 허락합니다. 그리하여 우리는 영혼의 두 눈으로 하느님을 보게 됩니다. 바실리오 성인은 이콘에 대해 이렇게 썼습니다. "그림에 주어지는 명예는 그 원형에게로 넘어간다. 이콘을 공경하는 인물은 그 안에 재현되어 있는 인물을 공경하기 때문이다."15)

이것이 어떻게 하느님 자비의 상본과 연결될까요?

여러 가지 하느님 자비의 상본들 대부분이 진짜 이콘이 아니긴 하지만, 각각의 상본은 우리가 관상을 통하여 하느님의 자비 그 자체이신 예수 그리스도의 현존 안으로 들어갈 수 있도록 인도하려는 의도로 그려진 것입니다.

그러므로 하느님 자비의 상본을 '더 가까이 들여다볼' 때 우리는 예술 작품 그 자체가 아니라 그것이 드러내는 진리, 신학, '이야기'에 초점을 맞추게 됩니다.

그림 속에 누가 있습니까?

하느님 자비의 상본에 대한 이야기를 할 때면 저는 다소 분명해 보이는 한 가지 질문을 하는 것으로 시작을 하곤 합니다. 교회든 강의실이든, 어떤 형태의 상본 그림이 걸려 있든지 그것을 향해 손짓을 하면서 묻습니다.

"이 그림은 누굴 그린 건가요?"

언제나 같은 대답을 듣습니다.

"예수님" "하느님의 아드님" "그리스도" "주님"

저는 미소를 짓고 대답합니다. "예, 물론이죠. 이제 다시 한 번 보십시오. 그밖에 또 누구인가요?" 그러면 저는 멍한 시선이나 찌푸린 이마를 마주하게 됩니다(어쩌면 여러분의 눈썹에도 주름이 생겼을지 모르겠습니다).

네, 그것은 자비로우신 구세주, 그리스도를 그린 그림입니다. 하지만 성 바오로 사도가 말하길, 그리스도는 "보이지 않는 하느님의 모상"(콜로 1,15)이십니다. 이 '보이지 않는 하느님'이란 누구입니까? 바로 성부 하느님이십니다.

성 요한 바오로 2세 교황은 회칙「자비로우신 하느님」에서 그리스도는 성부 하느님을 "그분 본질의 가장 깊은 신비까지" 우리에게 알려 주셨다고 썼습니다. 그리고 이렇게 설명합니다. 성부 하느님의 "보이지 않는 본성"은 "그리스도 안에서, 그리스도를 통하여 보이게 됩니다. …하느님께서 당신의 자비로 말미암아 각별히 잘 보이게 되십니다."(2항)

더 나아가 성 요한 바오로 2세 교황은 그리스도께서 단순히 자비에 대해 이야기하거나 설명하시는 것이 아니라 "자비를 육화"하신다는 점을 강조합니다.

"그분 자신이 곧 자비이십니다. 그리스도에게서 자비를 보고 그리스도에게서 자비를 발견하는 사람에게는 하느님께서 '보이는 분'으로 나타나시며, '자비가 풍성하신' 아버지로 나타나십니다."

(「자비로우신 하느님」 2항)

회칙을 마무리하는 부분에 간단하게 서술되어 있듯이 하느님 아버지는 "그리스도 안에서 당신을 뵙게 해 주십니다."(15항)

우리가 첫 번째 비밀을 다루면서 살펴본 것을 기억하십시오. 필립보가 예수님께 하느님 아버지를 보여 달라고 하자 예수님은 "나를 본 사람은 곧 아버지를 뵌 것이다."라고 대답하십니다. 필립보와 예수님의 대화가 말만 바꾸어 제 마음속에서 들려올 때가 있습니다. 거기에는 그리스도와 하느님 아버지의 관계에 대한 그리스도의 다른 가르침들이 섞여 듭니다. 마치 제가 필립보이고, 그리스도께서 제게 개인적으로 이야기를 하시면서 부드럽게 저를 나무라시는 것 같습니다(요한 14,8-10; 6,38; 8,29 참조).

> 필립보야, 모르겠니? 너는 나와 이토록 오랫동안 함께 지냈는데, 아직 그걸 모르겠니? 어떻게 '아버지를 보여 주십시오.'라고 말할 수 있니? 네가 나를 볼 때는 아버지를 보는 것이란다!
> 필립보야, 아버지와 나는 하나다! 나는 그분 안에 있고, 그분은 내 안에 계시다. 나는 내 뜻대로 하는 것이 아니다. 나는 나를 보내신 분의 뜻대로 한다. 그리고 나를 보내신 분은 나를 홀로 버려두지 않으셨다. 내가 언제나 그분 마음에 드는 일을 하기 때문이다.
> 필립보야, 나는 언제나 너에게 보여 주고 있다. 그분은 내 안에

사신다. 내가 말하고 행하는 모든 것 안에서 너는 그분이 그분의 일을 하고 계신 것을 보는 것이다.

예수님께서는 모든 것이 아버지에 관한 것입니다. 그분의 온 생애를 추동하는 힘은 아버지입니다. 그분은 아버지를 기쁘게 해 드리고, 아버지 안에서 기뻐하며, 아버지의 계획을 완수합니다. 우리에게 아버지의 자비가 풍부하심을 드러내 보여 주시고자 하십니다. 성 요한 바오로 2세 교황이 표현한 대로 "아버지를 사랑과 자비 그 자체로서 현존하시게 해 드리는 일이 메시아 사명의 주춧돌이 되었습니다."(「자비로우신 하느님」, 3항)

네, 물론 하느님 자비의 상본은 예수님을 그린 그림입니다. 그것은 우리에게 아버지를 보여 주고 계시는 예수님의 그림입니다. 그분이 실제로 우리에게 보여 주시는 것은 무엇일까요? 한번 살펴봅시다. 마음속에 하느님 자비의 상본을 떠올려 보십시오. 상본을 직접 눈앞에 가져다 놓을 수 있다면 더 좋겠습니다. 그럼, 이 '이콘'이 우리에게 보여 주는 다른 특징들을 살펴봅시다.

손이 말해 주는 이야기

조지 코시츠키(George Kosicki) 신부는 하느님 자비의 상본을 가지고 복음을 전하는 일을 좋아했습니다. 그는 언제나 같은 식으로 이야기를 시작하곤 했습니다. "예수님의 손을 보십시오. 손이 이야기를 전해 줍니다."

자, 그럼 먼저 오른손부터 보겠습니다.

손이 어떤 형태를 취하고 있습니까? 주먹을 쥐고 있나요? 아니라고요? 그렇죠, 다시 한 번 보십시오. 예수님은 약간 둥글게 모아 쥔 손을 옆으로 틀어서 들고 계시는데, 당장이라도 여러분을 찰싹 때릴 것 같습니다. 아니라고요? 좋습니다. 그럼 한 번 더 봅시다. 손가락이 연필을 쥐고 있는 듯 보이는데, 여러분이 지은 죄를 모두 적어 놓으시려는 것 같지 않나요?

물론 말도 안 되는 소리입니다. 하지만 거기 없는 것을 살펴보는 것 또한 도움이 됩니다. 그렇게 하면 거기에 다른 것이 있지 않고, 거기 있는 것이 거기에 있게 된 이유를 더 잘 이해할 수 있습니다.

오른손은 무엇을 하고 있습니까? 예수님의 오른손은 축복하고 있습니다. 파우스티나 성녀는 그리스도께서 손을 들어 "강복을 하는 자세"(『일기』, 47)를 취하고 계신다고 기록하고 있습니다. 그리고 거기에는 이유가, 그것도 여러 가지 이유가 있습니다.

제가 미술을 좋아하는 이유 가운데 하나는 그것이 시간 속 한 순간을 '포착'한다는 것입니다. 하느님 자비의 상본에서는 바로 이 오른손이 포착되어 있습니다. 여러분은 그 오른손에서 원하는 모든 것을 볼 수 있지만, 그 손을 다르게 바꿀 수는 없습니다. 주먹으로 바꿀 수도 없고, 여러분을 때리려는 손으로도 바꿀 수 없으며, '여러분의 잘못을 찾아내' 기록하려는 듯 연필을 쥐고 있는 손으로도 바꿀 수 없습니다. 그 손은 늘 강복하며, 오로지 강복하는 손입니다.

그런데 강복이란 말의 의미는 무엇입니까? 이 말 또한 우리가 매일 사용하지만 어쩌면 완전히 이해하지 못하고 있는 그리스도교 용어 가운데 하나입니다. 강복이란 누군가를 향해서 멋진 생각들을 품는 것일까요? 뭔가 좋은 기운을 내뿜는 것일까요? 강복이란 대체 무엇입니까?「가톨릭 교회 교리서」에서 찾아봅시다.

"강복은 생명을 주는 하느님의 행위이며….”(1078항)

강복은 하느님의 행위이며, 생명을 주는 행위입니다. 다시 말해, 강복이란 하느님이 행하시는 것이며, 그분이 하시는 것은 바로 생명을 주시는 것입니다. 와우! 다음에 누군가가 재채기를 했을 때 미국 사람들처럼 "하느님께서 강복하시길"God bless you 하고 직접 말할 경우를 생각해 보십시오. 여러분은 '생명을 주시는 하느님의 행위'에 참여하는 것입니다(강복에 대해서는 나중에 더 다루도록 하겠습니다).

좋습니다. 이제 여러분이 집중하고 있는지를 알아보기 위해 돌발 퀴즈를 내려고 합니다. 하느님 자비의 상본에서 강복하고 있는 분은 누구입니까?

물론, 예수님입니다. 베네딕토 16세 교황은 말했습니다. "그리스도는 사람이 되신, 세상을 향한 하느님의 강복입니다."[16] 하지만 앞서 우리가 보았듯이 그리스도는 아버지의 뜻을 이루기 위해 오셨습니다. 그리스도께서 하시는 모든 일에서 우리는 성부 하느님이 그분을 통하여 일하고 계심을 보게 됩니다. 그렇다면 이 강복의 궁극적인 원천은 누구이겠습니까?

하느님 아버지이십니다. 예수님은 강복하시며 들어 올리신 손으로 아버지께서 강복하신다는 것을 보여 주고 계십니다. 그것은 늘 그렇습니다. 「가톨릭 교회 교리서」의 인용문을 마저 보도록 합시다.

"강복은 생명을 주는 하느님의 행위이며, 그 생명의 원천은 성부이시다."(1078항)

"성부께서는 피조물을 위한 모든 강복과 구원의 원천이며 목적으로 인정되고 흠숭을 받으신다. 그리고 우리를 위해 강생하시고 돌아가시고 부활하신 당신의 '말씀' 안에서 우리를 복으로 채워 주시며, 그 '말씀'을 통해서 모든 선물을 포함하는 '선물', 곧

성령을 우리 마음에 부어 주신다."(1082항)

그러므로 모든 강복은 하느님 아버지께로부터 옵니다. 하느님 아버지는 예수님을 통하여 우리 마음에 성령을 부어 주십니다. 성령은 누구십니까?

"'주님이시며 생명을 주시는 분' …하나이시며 삼위로서 그 깊이를 헤아릴 길 없는 하느님께서 인간들에게 자신을 건네주실 때 그 일을 가능하게 해 주시는 분, 이 인간들 안에서 영원한 생명의 샘을 만들어 주시는 분"(『생명을 주시는 주님』, 1항)

그럼 다시 그 오른손으로 돌아가 봅시다. 이제 우리는 그 손이 우리에게 강복하시는 하느님 아버지의 손임을 알고 있습니다. 그리고 이 상본에서는 이 강복의 행위를 시간 속에서 '포착'하여 우리에게 보여 주고 있습니다. 하느님 아버지의 손은 늘 강복하고, 오로지 강복하고 있습니다.

"태초부터 종말에 이르기까지 하느님께서 하시는 모든 일은 강복이다. …무한한 하느님의 강복…."(『가톨릭 교회 교리서』, 1079항)

멋지지 않습니까? 하느님 아버지를 승강기 안에서 만났다고 상상해 보십시오. 대화를 나누고 싶은 마음에 여러분은 아마 이렇게 말할 것입니다. "안녕하세요? 무슨 일을 하고 계신가요?" 그러면 그분은 이렇게 답할 것입니다. "나는 강복을 합니다."

그것이 바로 하느님께서 하시는 일의 전부입니다! 그것이 그분께서 늘 하고 계신 일입니다. 하느님의 손에서 나오는 모든 것이 강복입니다(네, 언제나 그렇게 느껴지는 것은 아니지만 말입니다). 하느님께서 하고자 하시는 것도 자녀들을 강복하고 자신의 생명과 거룩함을 자녀들에게 부어 주시어 자녀들이 영원토록 그분과 함께 있을 수 있게 하는 것뿐입니다.

저는 몇 해 전에 아일랜드에서 일주일간 열린 하느님 자비에 관한 콘퍼런스에서 이에 대해 이야기했던 기억이 납니다. 콘퍼런스는 관련된 일을 하고 있는 사제들과 지도자들을 위한 워크숍이었습니다. 그리고 1년쯤 뒤에 저는 콘퍼런스에 참여했던 사람들 가운데 한 사람으로부터 편지 한 통을 받았습니다. 편지를 보낸 분은 그 손의 이미지를 마음에서 떨칠 수가 없다고 했습니다. 어디를 가든, 무엇을 하든, 삶에 어떤 일이 벌어지든 그녀의 머리 위에서 강복하고 계신 하느님 아버지의 손이 눈에서 떠나지 않는다고 했습니다. 그리고 그녀는 그 이미지가 자신의 삶을 어떻게 바꾸어 놓았는지 제게 알려 주고 싶어 했습니다. 그 이미지는 그녀에게 새로운 평화와 신뢰, 그리고 자신이 하느님께 속해 있다는 새로운 감각을 채워 주었습니다. 그 이미지가 여러분과도 함께 머물기를 바랍니다.

사제의 손

강복하시는 손을 생각할 때 상본의 다른 특징 한 가지와 아울러 생각해 보면 또 다른 중요한 진실을 깨닫게 됩니다. 오직 예수님만이 하느님 아버지의 강복을 전달하고 계신 것은 아닙니다.

하느님 자비의 상본에서 예수님은 흰옷을 입고 계십니다. 어떤 화가들은 푸른빛이나 다른 여러 가지 색깔의 기운이 돌게 그리기도 했으나, 파우스티나 성녀는 상본을 처음 그린 화가에게 예수님의 옷이 흰색이어야 한다는 점을 분명히 했습니다. 예수님의 흰옷이 의미하는 것은 무엇일까요?

그것은 사제의 흰옷입니다. 예수님은 한 분뿐인 위대한 대사제이십니다. 예수님만이 유일한 사제이십니다. 다른 사제들은 모두 하나뿐인 그리스도의 사제직에 참여하는 것입니다. 그러므로 그리스도의 손이 강복하며 들려 있는 것은 매우 적절합니다. 유다교와 그리스도교 전통 모두에서 사제의 첫 번째 직무는 강복이기 때문입니다.

예전에 유다교 교의에 대해 들은 적이 있는데, 유다교에서는 사제가 누군가에게 강복하기를 거부할 경우 쫓겨난다고 한 기억이 납니다. 그런 사제는 사제직을 박탈당하는 것입니다. 그가 사제의 핵심 의무를 거부했기 때문입니다. 사제는 강복해야 했습니다.

가톨릭 전통에서 사제는 '인 페르소나 크리스티'in persona Christi, 즉 그리스도를 대신하여 행동합니다. 그리스도를 통하여 우리에게 영속적으로 강복하시는 성부 하느님은 그 강복을 사제를 통하여 계속해서 확장하십니다. 그러므로 우리가 사제를 부를 때 아버지라는 뜻으로 '신부님'(神父, father)이라고 부르는 것은 얼마나 적합한 일입니까!

여러분은 사제 서품식에 가 본 적이 있습니까? 여러 가지 면에서 서품식은 결혼식과 비슷합니다. 전통적으로 결혼식이 끝나면 모두들 줄을 지어서 신랑과 신부에게 인사를 건넵니다. 서품식이 끝난 뒤에도 모두가 비슷하게 줄을 섭니다.

무엇을 위해 줄을 서는 것입니까? 새 사제의 첫 강복을 받기 위해서입니다. 이제 사제가 된 그 사제는 영원히 사제이기 때문입니다. "당신은 영원히 사제입니다." 당신은 영원히 강복하는 사람입니다. 사제의 온 직무가 강복하는 것입니다. 그에게 맡겨진 성직이란 실제로 강복의 한 형태일 뿐입니다. 그는 그 일을 하도록 부름받았습니다. 그는 아버지의 강복을 전하도록 불림을 받은 것입니다.

사제는 서품된 성직자로서 그리스도의 사제직에 완전히 참여하며, 그러므로 그리스도의 강복에도 완전히 참여합니다. 그러나 여러분과 저 역시 강복하도록 불림을 받았습니다. 매우 다른 방식이긴 하지만, 실제적인 방식으로 우리 모두는 그리스도의 사제직에 참여하도록 불림을 받았습니다. 모두가 하느님 아버지의 사랑을 비추고 전하도록 불림을 받은 것입니다. 성 베드로 사도가 말하듯 여러분은 "선택된 겨레고 임금의 사제단"(1베드 2,9)입니다. 「가톨릭 교회 교리서」에서도 다음과 같이 가르칩니다.

> "…세례로 그리스도와 한 몸이 되어 하느님 백성으로 구성되고, 그리스도의 사제직과 예언자직과 왕직에 자기 나름대로 참여하는 자들이 되어 그리스도교 백성 전체의 사명 가운데에서 자기 몫을 교회와 세상 안에서 실천하는 그리스도인들을 말한다." (897항)
>
> "평신도들은 그리스도의 사제직에 참여한다."(941항)

앞서 언급했듯이, "하느님께서 강복하시길"이라고 말할 때 여러분은 하느님의 행위에 참여하는 것입니다. 예를 들어, 어머니와 아버지가 아이들에게 강복할 때 역시 생명을 주시는 하느님 아버지의 강복을 전해 주는 것입니다.

저는 제 아이들이 아직 태중에 있을 때부터 강복하기 시작했습니다. 단순히 아내의 배에 손을 얹고 그 안에 있는 아이에게 하느님께서 강복하여 주시기를 청하곤 했습니다. 그리고 아이들이 자라면서는, 하느님 아버지께서 저를 통하여 강복해 주시는 것을 의식하게 될 때가 더러 있었습니다.

밤에 잠든 아이들에게 살며시 다가가 손을 얹고 강복하곤 했습니다. 특히 제가 아버지로서 제 역할을 잘하지 못했을 때 그렇게 하곤 했습니다. 그리고 기도했습니다. "하느님 아버지, 제가 부족하여 하지 못하는 것을 아버지께서 채워 주소서."

초대

자, 여기까지가 강복하는 오른손에 대한 내용입니다. 그럼, 왼손은 우리에게 무엇을 이야기하고 있습니까? 파우스티나 성녀는 왼손이 "가슴 부분에서 옷을 만지고 있었다."고 썼습니다(『일기』 47). 그녀의 영적 지도자였던 복자 미하엘 소포츠코 신부는 그녀를 도와 상본 제작을 맡은 화가에게 지시 사항을 전했는데, 그녀가 자신에게 말한 내용을 토대로 몇 가지 자세하고 구체적인 설명을 남겨 놓았습니다.

소포츠코 신부는 그리스도의 왼손에 있는 엄지와 검지가 보이지 않는 "심장 부근의 옷을 당겨서 벌리고"[17] 있다고 설명했습니다.

이것은 무슨 뜻일까요? 초대의 몸짓입니다. 그리스도께서 우리에게 그분의 가슴으로 들어오라고, 그분의 성심에서 편히 쉬라고 초대하시는 것입니다. '포착'된 강복의 손과 마찬가지로 이 몸짓 또한 영원하며 변함없습니다.

마더 데레사 성녀가 일깨웠듯이, 그리스도께서는 우리에게 "'나에게 오너라.'라고 말씀하시지, 복음서 어디에서도 '내게서 떠나라.'라고 말씀하시지 않습니다."[18] 성경에는 그리스도의 다정한 초대가 기록되어 있습니다.

"고생하며 무거운 짐을 진 너희는 모두 나에게 오너라. 내가 너희에게 안식을 주겠다."(마태 11,28)

왼손이 하는 이러한 초대는 그리 의미 있게 보이지 않을 수도 있습니다. 특히 오른손이 우리에게 말하고 있는 바에 대해 우리가 살펴본 것과 비교하면 더욱 그렇습니다. 하지만 이렇게 가슴을 열고 우리를 초대하는 단순한 몸짓이 표현하고 있는 것은 심원한, 사실상 거의 이해 불가능한 현실입니다. 그것은 바로 하느님의 한없고 불가해한 자비의 신비입니다.

하느님은 언제나 그분의 가슴을 열어 그 안으로 여러분과 저를 기꺼이 들어오게 하실 준비가 되어 있습니다. 하느님께서는 우리 각자를 초대하고 환대하십니다. 우리가 무엇을 했는지 상관없이 우리 각자는 매 순간 하느님의 마음에 더욱 가까이 다가가도록 부름받습니다.

두 손이 제각기 따로 일하고 있는 것은 아닙니다. 그리스도의 두 손은 동시에 움직이던 중에 함께 '포착'되었습니다. 이 두 손이 함께 자비에 대한 핵심적 '이야기'를 우리에게 들려줍니다. 이는 우리가 정말 듣고 이해해야 하는, 우리가 하느님께 얼마나 사랑받고 있는지에 대한 이야기입니다.

그리스도의 오른손은 하느님 아버지께서 오직 하시고자 하는 것은 자녀들에게 강복하는 것뿐임을 말해 줍니다. 그리스도의 왼손은 그 강복의 근원을 보여 주고, 그리스도의 열린 마음을 통하여 부어 주시는 그 강복을 와서 받게끔 우리를 초대합니다. 이제 우리는 상본의 다음 특징으로 넘어갈 수 있겠습니다.

자비의 흐름

"가슴에서 약간 옆으로 비낀 부분의 옷 속으로부터 두 개의 큰 광선이 솟아 나왔는데, 하나는 붉은빛이었고 또 하나는 창백하고 엷은 빛이었다."(「일기」 47)

바로 여기에, 하느님 자비의 상본이 지닌 가장 두드러진 특징이 있습니다. 그리고 이 특징 때문에 하느님 자비의 상본이 그리스도를 그린 다른 그림들과 구별됩니다. 그것은 바로 그리스도의 가슴에서 흘러나오는 자비의 빛줄기입니다.

두 빛줄기가 의미하는 것은 무엇일까요? 빛줄기가 우리에게 말해 주는 것은 무엇일까요? 그리스도께서 직접 들려주신 설명으로 이야기를 시작하는 것이 가장 좋겠습니다.

파우스티나 성녀는 영적 지도 신부의 지시에 따라 두 빛줄기의 의미를 예수님께 여쭈어보았다고 기록하고 있습니다. 그녀가 여쭙자 주님께서는 답하셨습니다.

"두 빛줄기는 피와 물을 표시한다. 흰 빛줄기는 영혼을 의롭게 하는 물을 뜻하고, 붉은 빛줄기는 영혼의 생명인 피를 뜻한다. 이 두 빛줄기는 고통에 찬 나의 심장이 창에 찔려서 열렸을 때, 나의 자비의 깊은 심연에서부터 나온 것이다."(「일기」, 299)

이 부분을 읽고 가장 분명하게 마음에 떠오르는 성경 구절은, 십자가에 달리신 예수님의 심장이 창에 꿰찔려 피와 물이 흘러나왔다는 강렬한 장면을 기술한 요한 복음의 한 구절입니다.

"군사 하나가 창으로 그분의 옆구리를 찔렀다. 그러자 곧 피와 물이 흘러나왔다."(요한 19,34)

하지만 그밖에도 마음에 떠오르는 구절들이 있습니다. 여기서 우리는 예수님께서 하셨던 두 가지 약속, 즉 '생명의 물'을 주시겠다는 약속과 성령 안에서 우리가 거듭나리라는 약속이 성취되고 있음을 봅니다.

"내가 주는 물을 마시는 사람은 영원히 목마르지 않을 것이다. 내가 주는 물은 그 사람 안에서 물이 솟는 샘이 되어 영원한 생명을 누리게 할 것이다."(요한 4,14)
"내가 진실로 진실로 너에게 말한다. 누구든지 물과 성령으로 태어나지 않으면, 하느님 나라에 들어갈 수 없다."(요한 3,5)

흰 빛줄기

여기에는 여러 층의 의미와 많은 상징이 있습니다. 흰 빛줄기는 보통 성령의 은사와 세례성사('영혼을 의롭게 하는' 물)를 나타내는 것으로 해석됩니다. 하지만 화해의 성사를 나타내는 것으로도 해석될 수 있습니다. 고해는 세례의 연장이기 때문입니다. 프란치스코 교황은 이렇게 설명합니다.

"세례는 신앙과 그리스도인의 생활의 '문'입니다. …물과 성령으로 다시 태어난 우리는 죄의 어둠을 몰아내는 은총으로 환히 밝혀집니다. …새 생명으로 향한 이 문이 열리고 하느님의 자비가 우리 삶으로 들어옵니다. 참회의 성사라고도 하는 고해성사는 사실 첫 번째 세례를 다시 불러와 더욱 강하게 하고 새롭게 하는 '두 번째 세례'와 같습니다. …세례를 여러 차례 받을 수는 없습니다. 하지만 고해를 할 수는 있습니다. 그리고 그렇게 함으로써 세례의 은총을 새롭게 할 수 있습니다."(2013년 11월 13일 알현)

붉은 빛줄기

붉은 빛줄기는 분명히 성체성사('영혼의 생명'인 피)를 나타냅니다. 구약 성경에서 모세는 십계명을 받으러 산으로 올라가기 직전에 백성에게 희생 제물의 피를 뿌리면서 '계약의 피'라고 선포합니다(탈출 24,8).

그리고 이제 여기에서, 쏟아지는 이 붉은 빛줄기 안에서 우리는 시각적으로 분명하게 새로운 모세(그리고 번제물로 바쳐진 새로운 어린양)인 그리스도를 떠올리게 됩니다. 그분은 마지막 만찬 때 그분의 피를 통하여 맺어지는 "새로운 계약"(루카 22,20)을 선포하시며 제정하신 성체성사의 선물을 십자가 위에서 완수하셨습니다. 우리는 이 새로운 계약의 선포를 미사 때마다 다시 듣게 됩니다. 그리스도께서는 사제를 통하여 우리에게 말씀하십니다.

"이는 새롭고 영원한 계약을 맺는 내 피의 잔이니 죄를 사하여 주려고 너희와 많은 이를 위하여 흘릴 피다."(미사 통상문)

그러나 흰 빛줄기와 같이 붉은 빛줄기는 또 다른 성사, 즉 고해성사로도 볼 수 있습니다. 우리가 이미 살펴본 대로, 그리스도의 피는 죄를 사하여 주려고 흘리신 것입니다. 그분이 십자가 위에서 흘리신 피를 통하여 우리는 죄를 사함받을 수 있게 되었고, 우리는 고해를 통해 죄 사함을 받습니다.

그리스도는 파우스티나 성녀에게 이렇게 밝히셨습니다.

"네가 이 자비의 샘인 고해성사를 보러 갈 때는 언제나 나의 성심에서부터 피와 물이 네 영혼에게로 흘러나와 네 영혼을 고귀하게 만들어 준다."(『일기』 1602)

자신을 비우는 사랑

두 빛줄기는 또한 하느님 자신을 비우는 사랑에 대해서도 이야기합니다. 십자가 위에서 꿰찔린 그리스도의 심장보다 이 사랑이 더욱 완전하게 표현되고 명시된 곳은 없습니다.

예수님은 여러 시간 동안 피를 흘리셨습니다. 가시관이 머리를 찔러 피가 흘렀고, 채찍질에 찢긴 상처에서도 피가 흘렀으며, 못이 박힌 손과 발에서도 피가 흘렀습니다.

이제 그분의 심장마저 창에 꿰찔렸을 때 예수님은 단지 피만 흘리지 않으셨습니다. 그분은 거의 모든 피를 흘린 상태였습니다. 그분의 그 온유한 가슴에서 쏟아진 피와 물은 그리스도께서 생명의 피를 남김없이 완전히 부어 주셨음을 보여 줍니다. 그분은 아무것도 남겨 두지 않으셨습니다. 모든 것을 내어 주셨습니다.

이것이 자비입니다! 이것이 하느님 자신을 비우는 사랑입니다. 하느님 아버지는 자녀들에게 자신을 모두 내어 주십니다. 베네딕토 16세 교황의 표현처럼 이것이 바로 우리에 대한 사랑 때문에 "하느님께서 당신 자신을 거스르는"(「사랑의 성사」, 9항) 모습입니다.

"하느님께서는 세상을 너무나 사랑하신 나머지 외아들을 내주시어, 그를 믿는 사람은 누구나 멸망하지 않고 영원한 생명을 얻게 하셨다."(요한 3,16)

여러분은 하느님께 그만한 가치가 있습니다. 하느님은 그만큼 여러분을 사랑하십니다. 이것이 바로 두 빛줄기가 우리에게 전해 주는 자비의 이야기입니다.

자비의 심장

앞서 살펴보았듯이, 그리스도께서는 파우스티나 성녀에게 **"이 두 빛줄기는 고통에 찬 나의 심장이 창에 찔려서 열렸을 때, 나의 자비의 깊은 심연에서부터 나온 것이다."**(『일기』 299)고 말씀하셨습니다.

하지만 잠시 생각해 봅시다. 이 상본에서 심장은 보이지 않습니다. 그렇지요? 왜 보이지 않을까요? 그리스도께서 마르가리타 마리아 알라코크 성녀[19]에게 나타나셨던 모습에 기초하여 그린 상본에는 예수님의 심장이 매우 자세하게 잘 보입니다. 상처 입은 심장은 불꽃 왕좌에 놓여 있고, 그 위에는 십자가가 있으며 그 주위는 가시관에 둘러싸여 있습니다.

파우스티나 성녀에게 하신 말씀에서 그리스도께서는 당신의 꿰찔린 심장을 언급하고 계십니다. 그런데 왜 성녀에게 나타나신 모습에서 심장은 보이지 않는 걸까요? 예수 성심 신심과 하느님 자비 신심에 중심이 되는 두 상본 사이에 이런 중요한 차이가 있는 까닭은 무엇일까요?

여기서 어떤 결정적인 답안을 제시하려는 것은 아닙니다. 다만 제게는 이것이 핵심적인 문제가 됩니다. 이 문제는 그리스도께서 우리에게 드러내신 자비로운 사랑의 메시지를 단계적이면서도 항구적으로 '풀어 놓으시는' 것에 관한 문제입니다. 하느님 자비 신심은 예수 성심 신심의 연속이며 확장으로 볼 수 있습니다.

하느님 자비 신심이 제게 확실해진 것은, 1990년대 초 미국 하느님 자비의 전당[20]에서 열린 '자비의 2주간' 행사를 돕고 있을 때였습니다. 강의실 앞쪽에 걸려 있던 커다란 하느님 자비의 상본에 주목할 것을 요청하면서 이야기를 시작하는 발표자가 있었습니다.

"저는 여러분 모두가 이 하느님의 자비 상본을 익히 잘 아실 거라고 확신합니다. 또한 여러분은 이 붉은 빛줄기와 흰 빛줄기가 예수님의 심장으로부터 쏟아져 나온 자비의 끝없는 샘을 나타낸다는 것도 잘 아실 겁니다. 그런데 여러분이 있는 곳에서는 지금 잘 보이지 않겠지만, 가까이에서 자세히 들여다보면 오른편 맨 아래쪽에 아주 작은 회전판이 보입니다. 지금 그 회전판은 오른쪽으로 끝까지 돌아가 있습니다."

거기에 회전판 따위는 없다는 것을 알고 있었기에 모두들 미소를 지었지만, 발표자에게 계속 집중했습니다. 이 사람은 도대체 이야기를 어디로 끌고 가려는 것일까요?

"이 회전판을 왼쪽으로 끝까지 돌리면 이 상본은 극적으로 변할 것입니다. 두 빛줄기가 모두 그리스도의 가슴으로 다시 들어가 버리고, 그분의 옷은 완전히 열릴 것입니다. 그러면 그리스도의 상처 입은 심장도 분명하게 보일 겁니다. 그것을 둘러싼 사랑의 불꽃과 가시관도 보이겠지요. 하느님 자비 상본이 예수 성심 상본이 되는 것입니다."

발표자는 계속해서 설명했습니다. "예수 성심 상본은 자비의 근원을 보여 줍니다. 하느님 자비 상본은 그리스도께서 자비를 베푸시는 모습을 보여 줍니다." 두 상본 모두 하느님의 자비로운 사랑을 보여 줍니다. 하지만 각각 초점을 맞추고 있는 곳이 다릅니다.

예수 성심 신심에 대해 생각하게 될 때는 애통이라는 말이 떠오릅니다. 1675년 그리스도께서 마르가리타 마리아 알라코크 성녀에게 발현하신 이야기에서는 '사랑하는 이의 애통'이 느껴집니다.

> 사람들을 너무도 사랑하여 아무것도 남겨 두지 않고, 심지어 스스로를 소진하여 그 사랑을 입증하기까지 한 이 심장을 보아라. 그에 대한 보상으로 나는 대다수 사람들로부터 다만 배은망덕을 겪을 뿐이니, 그들은 …나를 멸시와 불손과 모독과 냉정으로 대할 뿐이다.[21]

이 이야기 속 예수님은 얼마나 많이 우리를 사랑하시는지, 얼마나 직접적으로 우리의 모든 고통을 느끼시는지 우리가 이해하기를 바라며 울고 계십니다. 그분은, 우리가 죄를 짓고 감사할 줄 모르며 오직 우리의 유익을 구하는 그분의 사랑을 거부해 그분이 얼마나 깊이 슬퍼하시는지 우리가 이해하기를 바라십니다.

마르가리타 마리아 알라코크 성녀에게 나타나신 그리스도께서는, 그분의 상처 입은 마음을 공경하고 위로하며 그분의 사랑에 보답하고자 하는 이들에게 그분 성심의 보물들을 모두 부어 주시겠노라 약속하셨습니다.

하느님 자비의 상본은 바로 이 약속이 완성된 모습입니다. 예수님께서는 성심 수녀회의 호세파 메넨데스 수녀[22]에게 설명하셨습니다.

> "여러 세대가 지나가는 동안에 내가 이러저러한 방식으로 사람들에 대한 나의 사랑을 얼마나 자주 알려 주었더냐. 내가 그들의 구원을 얼마나 열렬히 갈망하는지를 그들에게 보여 주었다. 나는 내 심장을 그들에게 드러내 보였다. …나는 이제 좀 더 많은 것을 원한다. 내가 내 사랑에 응답하는 사랑을 간절히 원한다 해도, 그것만이 내가 영혼들에게서 간절히 받고 싶은 보답은 아니다. 나는 그들 모두가 나의 자비를 확신하게 되길, 나의 관대함에서 모든 걸 얻을 수 있으리라 기대하길, 그리고 내가 기꺼이

용서할 것임을 절대 의심하지 않길 바란다."²³⁾

저에게는 모든 것이 응답이라는 말에 달려 있는 것 같습니다. 예수님은 어떤 한 가지 이유 때문에 이런 각각의 방식으로(먼저 예수 성심의 상본 방식으로, 그다음 하느님 자비의 상본 방식으로) 스스로를 드러내 보이셨습니다. 예수님은 우리에게서 무엇을 원하십니까? 각 상본이 우리에게서 불러일으키는 응답은 무엇입니까?

우리를 위하여 그토록 끔찍하게 상처 입으신 예수님의 성심을 바라볼 때 우리는 그분의 사랑을 되돌려 드리고, 그토록 심하게 상처 입은 그 성심을 여러 방식으로 위로하고 치유해 드리고자 노력하도록 부름받습니다.

하느님 자비의 상본을 바라볼 때 우리는 부름받습니다. 강복을 포용하고 그분의 자비를 기대에 찬 신앙과 감사로 받아들이는 것이 예수님의 성심을 위로하고 치유하는 최선의 방법임을 깨닫고, 모든 신뢰를 그분께 두도록 우리는 부름받습니다.

내게 빛을 밝혀 주시고, 나를 살리시는 당신

잠시 앞에서 등장했던 상상의 회전판으로 돌아가 보겠습니다. 하느님 자비의 상본에서 두 빛줄기를 나오게 하거나 들어가게 하는 것을 조절하던 회전판 말입니다.

몇 해 전에 저는 어떤 남자에게서 편지 한 통을 받았습니다. 이 남자는 하느님 자비의 상본이 표지로 쓰인 잡지를 우연히 보게 되었다고 했습니다. 그 잡지의 표지는 제가 기고한 글에 초점을 두고 있었습니다. 그는 하느님을 정말로 받아들인 적이 전혀 없으며 하느님과 개인적이고 인격적인 관계를 맺는 것에 대해서는 생각조차 하지 못했다고 말했습니다. 하지만 어떤 이유에서인지 그 상본에 있는 빛줄기가 그의 이목을 잡아끌었습니다.

그는 계속해서 빛줄기를 반대로 보았다고 했습니다. 그러니까 빛줄기를 보면서 무언가가 나오고 있는 것이 아니라, 아래에서 위로, 밖에서 안으로 들어가는 어떤 길이라고 보았던 것입니다. 그러다가 갑자기 빛줄기를 통해 자기 자신이 그림 속으로 잡아당겨지는 듯한 느낌이 들었다고 합니다.

그의 편지를 읽자, 이 상본을 보면서는 아니지만, 그리스도의 수난을 묵상하면서 제가 종종 경험했던 것이 떠올랐습니다. 특히 그분 옆구리에 난 상처를 묵상할 때 경험했던 것입니다. 저는 십자가 아래 성모 마리아, 사도 요한과 함께 있다고 상상하면서 제게로 흘러내린 그분의 피와 물이 저를 끌어올려 그 상처 속으로 이끄는 듯한 경험을 하곤 했습니다.

그것은 제게 커다란 위안을 안겨 주는 강력한 이미지였습니다. 어려운 시기를 보내고 있을 때면 더욱 그랬습니다. 저는 다만 그리스도의 옆구리에 난 상처 속으로 빨려들어 그분의 성심 속에서 편히 쉬는 모습을 상상했습니다. 저는 안전했고, 사랑과 보호를 받고 있었습니다.

이러한 정신적 이미지는 나중에 제가 '성막 기도'라고 부르는 것으로 발전했습니다.[24] 우리를 기다리시는, 우리를 사랑하고 치유하시며 평화로 채워 주고자 기다리시는 자비로운 예수님의 성심을 바로 그 성막 안에서 발견하기 때문입니다.

> 이제는, 세상이 나를 지나치게 괴롭히고 있다고 느껴질 때면 언제든, 내가 너무 압도되고, 너무 우울하고, 너무 지쳤고, 너무 스스로에 사로잡혀 있을 때면 언제든, 마음으로 그 성막에 다가가 저를 그 안에 넣고 예수님께 함께 머물러 달라고 청합니다. 그곳에서 저는 이해를 넘어서는 평화, 오직 하느님만이 주실 수 있는 평화를 경험합니다. 그곳에서 저는 기억해 냅니다. "오, 그렇습니다. 당신은 하느님이십니다. 당신은 제게 필요한 모든 것입니다. 당신은 모든 것을 다루실 수 있습니다."[25]

이것은 저 혼자만의 경험이 아닙니다. 파우스티나 성녀는 이렇게 썼습니다.

"내가 수련소를 떠난 그 순간부터 나는 자신을 내 스승이신 예수님과 함께 감실(성막) 속에 가두었다. 그분 친히 나를 모든 것이 하나로 융합되는 생생한 사랑의 불 속으로 이끄신다."(『일기』 704)

서명, 자비의 계약

다음으로 우리는 예수님께서 하느님 자비의 상본 맨 아래에 새겨야 한다고 말씀하신 구절에 이르게 됩니다. "예수님, 저는 당신께 의탁합니다!"

하느님께 의탁한다는 이 구절이야말로 자비의 메시지에서 핵심을 이룹니다. 그리스도께서는 여러 차례 반복해서 그분께 의탁할 것을 강조하셨고, 파우스티나 성녀에게 모든 영혼을 격려하여 그분의 자비에 의탁하게 하라고 촉구하셨습니다(『일기』 1182; 1578 참조).

의탁이라는 단어의 근본 의미 가운데 하나는 합의 또는 협약입니다. 그리고 구약과 신약 성경 전체를 통해 하느님께서는 우리에게서 원하시는 바를 분명히 밝히셨습니다. 그것은 법률적 계약을 맺는다는 의미에서 합의가 아니라, 사랑과 신뢰를 토대로 하는 계약 관계를 통하여 가족 유대를 성립시킨다는 의미에서 합의입니다. "너희는 내가 너희 조상들에게 준 땅에서 살게 될 것이다. 너희는 나의 백성이 되고 나는 너희의 하느님이 될 것이

다."(에제 36,28)

스콧 한Scott Hahn 박사는 일반적으로 계약을 나타내는 '콘트랙트'라는 단어와 성경에서 하느님과 인간 사이의 계약을 나타내는 '커버넌트'의 차이를 다음과 같이 설명합니다.

> '콘트랙트'contract라고 하는 계약 관계는 보통 재산을 교환하고 재화와 용역을 교환합니다. 반면 '커버넌트'covenant라고 하는 계약 관계에서는 인격을 교환하므로 당사자들은 "나는 당신의 것, 당신은 나의 것"이라고 말합니다.[26]

의탁한다는 것은 후자의 계약 관계를 수용한다는 것을 의미합니다. 하느님께서 우리의 아버지가 되시도록 우리가 허락에 동의한다는 의미입니다(아담이 지은 최초의 죄에 대한 해소책입니다!). 이는 우리가 우리 삶의 각본을 스스로 쓰겠다고 고집하는 대신, 하느님께서 쓰실 수 있다는 데 동의한다는 것입니다. 주님의 기도에서 우리가 하는 위대한 서약을 통해 아버지의 뜻이(우리의 뜻이 아니라) "하늘에서와 같이 땅에서도" 이루어지도록 동의한다는 것입니다.

이러한 하느님과의 계약은 파우스티나 성녀의 「일기」에도 매우 분명하게 드러나 있습니다. 1931년 2월 22일에 있었던 그 유명한 첫 번째 계시에서, 예수님은 심장에서 자비의 빛줄기가 흘러나오는 모습으로 파우스티나 성녀에게 나타나 이 환시를 그림으로 그리되 "그림에는 '예수님, 저는 당신께 의탁합니다.'라는 말(서명)을 넣어라."(『일기』 47) 하고 말씀하셨습니다.

여기서 서명이라는 단어가 중요합니다. 예수님께서 우리에게 제시하고 계신 것은 우리의 의탁이라는 서명으로 조인되는 자비의 계약입니다. 성녀에게 나타나신 예수님의 모습은 예수님께서 이 계약의 본인 몫을 이미 이행하셨음을 상기시켜 주는 것입니다. 한 분이신 영원한 대사제로서 예수님은 이미 자신의 피로 계약에 서명하시고, 완벽한 희생 제사를 바치심으로써 "단 한 번"(히브 9,26)에 우리 모두를 속죄하셨습니다. 과거와 현재와 미래의 우리의 모든 죄는 하느님 아버지의 용서와 화해를 이미 얻었습니다.

우리는 이 계약에서 우리의 몫을 어떻게 이행하겠습니까? 우리의 마음을 열어 예수님께 의탁함으로써 우리는 우리의 몫을 이행합니다. 우리의 의탁이 더욱 완전할수록 우리는 자신을 더욱 많이 열어 예수님께서 우리에게 부어 주시고자 하는 모든 강복을 받게 됩니다.

파우스티나 성녀는 우리에게 완벽한 귀감이 됩니다. 첫 번째 계시가 있고 나서 4년이 지난 1935년 2월 4일에 그녀는 하느님과 의탁 관계에서 새로운 차원에 도달했으며, 매우 구체적인 방식을 통해 그녀 자신과 하느님의 자비 계약에 상징적으로 '서명'했습니다.

파우스티나 성녀가 빌니우스에서 피정을 하고 있던 어느 날 저녁에 우리 주님께서 말씀하셨습니다. "**이 피정 기간 동안에 네 뜻을 완전히 지워 버리고, 그 대신에 나의 뜻 전부가 네 안에서 완성되게 해야 한다.**"(「일기」 372)

그런 다음 그분은 파우스티나 성녀에게 자세한 지시 사항을 전해 주셨습니다.

> "깨끗하게 비어 있는 종이에 '오늘부터, 나 자신의 뜻은 존재하지 않는다.'라고 써라. 그리고 그 페이지는 선을 그어서 지워 버려라. 그리고 그 종이의 다른 쪽 페이지에다, '오늘부터, 언제나, 어디에서나, 그리고 모든 것에 있어 나는 하느님의 의지를 행한다.'라고 써라."(「일기」 372)

파우스티나 성녀는 주님이 요구하신 바를 이행한 뒤 하느님께 받은 즉각적인 응답을 이어지는 「일기」의 두 페이지에 걸쳐 우리를 위해 기록해 두었습니다.

주님께서 내게 명하신 대로, 나 자신의 의지를 지우기 위해서 내가 무릎을 꿇었을 때, 나는 내 영혼 안에서 이런 소리를 들었다. "오늘부터는 하느님의 심판을 두려워하지 마라. 너는 심판을 받지 않을 것이기 때문이다."(「일기」 374)

파우스티나 성녀처럼 우리 또한 우리 자신을 완전히 하느님의 손에 맡기고, 우리 자신의 뜻이 아니라 그분의 뜻을 추구함으로써 그분께 더욱 의탁하도록 부름받았습니다.

"예수님, 저는 당신께 의탁합니다."라고 기도할 때마다 우리는 하느님과 우리의 계약에 다시 사인을 해야 합니다. 우리 삶에서 시시각각 그분의 뜻에 참으로 의탁하겠다는 우리의 약속을 갱신하고, 그분의 뜻은 결국 사랑과 자비 그 자체임을 깨닫는 것입니다.

회심 기도

이 지점에서 여러분과 나누고 싶은 이야기가 있습니다. 저는 십 대 초반에 하느님 자비의 신심을 처음 접했습니다. '회심 기도'를 알게 되었는데, 이는 죄인들을 위한 기도로 예수님께 가장 큰 위안을 드리는 기도일 뿐 아니라, 예수님께서는 그 기도에 다음과 같이 응답하시겠다고 약속까지 하셨습니다(「일기」 1397 참조).

"네가, 어떤 죄인을 대신하여, 죄를 뉘우치는 마음과 믿음으로 이 기도를 바칠 때, 나는 그에게 회개의 은총을 베풀 것이다. 이것이 그 기도이다. '오, 저희를 위한 자비의 샘이신 예수 성심에서 흘러나온 피와 물이여, 저는 주님께 의탁합니다.'"(「일기」, 186-187)

그래서 저는 이 기도를 바치기 시작했습니다. 하지만 조금 이상한 느낌이 들었습니다. "내가 지금 피와 물을 향해 기도하고 있는 것인가? 피와 물에 의탁하고 있나? 피와 물을 향해 기도하고 싶지는 않은데… 예수님께 기도하고 싶다고. 그분께 의탁하고 싶어."

그때 「일기」에서 다음과 같은 구절을 보게 되었습니다.

"나는 글을 새겨 넣는 문제에 대한 해답을 내적으로 들었다. 예수님께서는 당신이 나에게 처음에 말씀하신 것을 기억시켜 주셨다. 곧 '예수님, 주님께 의탁합니다(Jezu, Ufam Tobie).'라는 세 마디의 말이 분명하게 뚜렷이 새겨져야 한다는 것이었다. 나는 예수님께서 이 문장 전체가 상본 속에 새겨지기를 원하신다는 것을 알아들었다. 그러나 이 세 마디 말 이외에 다른 것에 대해서는 이처럼 직접적인 명령을 내리지는 않으셨다.(「일기」, 327)

전체 신조. 예수님께서 상본 맨 아래에 넣기를 정말로 원하셨던 것은 '피와 물' 기도 전체였습니다. 하지만 '예수님, 당신께 의탁합니다.'라는 구절이 거기에 있는 것으로 충분했습니다.

저는 그것이 결국 같은 것이라는 사실을 문득 깨달았습니다. 예수님의 심장에서 쏟아져 나오는 피와 물은 곧 예수님입니다. 그분은 자기 자신을 우리에게 부어 주십니다. 그분의 생명, 그분의 전 존재를 말입니다! 내가 의탁하고 있는 그분은 바로 예수님이십니다.

위탁의 대화

교황이 되어 처음 세상을 향해 "두려워하지 말라"라는 말씀을 선포했던 성 요한 바오로 2세 교황은 이 계약을 가리켜, 우리가 모든 두려움, 걱정, 의심, 근심을 내려놓고 하느님의 두 손에 모든 것을 맡길 수 있게 하는 "위탁의 대화"라고 말합니다.

우리 각자는 하느님과 개인적인 대화를 나누도록 부름받았습니다. 이 대화에서 하느님의 몫은 무엇일까요? 우리에게 두려워하지 말라고 말씀하시는 것입니다. 그럼, 우리의 응답은 무엇입니까? "예수님, 저는 당신께 의탁합니다!"

> 누구나 이곳에 와서 자비로우신 예수님의 이 상본을 보고 …자

신의 영혼 깊은 곳에서 복녀 파우스티나[27]가 들었던 것을 들을 수 있습니다. "아무것도 두려워 할 것이 없다. 나는 언제나 너와 함께 있다."(『일기』 586) 그리고 신실한 마음으로 "예수님, 저는 당신께 의탁합니다."라고 응답한다면 모든 근심과 두려움 속에서도 위안을 얻을 것입니다. 이 '위탁의 대화'에서 인간과 그리스도 사이에 사랑을 자유로이 해방하는 특별한 유대가 성립됩니다. 그리고 "사랑에는 두려움이 없습니다. 완전한 사랑은 두려움을 쫓아냅니다."(1요한 4,18)[28]

움직이는 자비

하느님 자비의 상본에서 자주 간과되곤 하는 또 다른 특징이 있습니다. 상본 맨 아래, 서명이 있는 곳 바로 위를 보면 그리스도의 발과 선 자세도 우리에게 그분의 자비에 대해 말해 주고 있습니다.

소포츠코 신부에 따르면 파우스티나 성녀는 그리스도가 걷고 있음을 나타내기 위해 왼발이 오른발보다 살짝 앞으로 나와 있어야 하며, 그리스도의 "정면을 향한 전신"[29]이 평화를 드러내고 전해 주어야 한다고 지시했습니다. 소포츠코 신부는 계속해서 이렇게 전합니다.

"평화가 너희와 함께!"라는 말과 함께 참회의 성사를 제정하시는 순간의 그리스도를 그려야 한다. …이것이 「일기」의 모든 페이지를 관통하며 이끄는 주된 생각이다. "나의 자비에 의탁하지 않으면 인류는 평화를 얻지 못할 것이다."(『일기』, 300)

하느님은 절대 '가만히 앉아서' 우리가 그분을 찾게 되길 기다리고만 계시지 않습니다. 그분은 움직이는 자비이십니다. 늘 우리를 찾고, 늘 우리를 향해 다가오시며, 늘 우리와 가까이 계시면서 "모든 이해를 뛰어넘는"(필리 4,7) 평화를 우리에게 채워 주고자 하십니다.

성 요한 바오로 2세 교황은 이렇게 설명합니다.

"하느님께서는 예수 그리스도 안에서 인간에게 말씀하실 뿐만 아니라 인간을 찾아 나서십니다. …하느님께서 당신 자신을 닮은 모습으로 창조된 인간을 찾아 나서시는 것은 인간을 말씀 안에서 영원으로부터 사랑하시고 그리스도 안에서 양자의 품위로 들어 올리고자 하시기 때문입니다. 하느님께서는 다른 여느 피조물과는 달리 당신의 특별한 소유인 인간을 찾아 나서십니다. …하느님께서는 당신의 부성애로 움직이시어 인간을 찾아 나서십니다."(『제삼천년기』, 7항)

자비의 눈길

처음 상본을 그렸던 화가에게 주어진 가장 어려운 임무 가운데 하나는(또한 이후 화가들에게도 가장 어려웠을 임무는) 파우스티나 성녀에게 나타나신 예수님의 얼굴에서 그녀가 본 온화한 사랑의 표정을 포착하는 일이었습니다. 소포츠코 신부가 설명하듯, 파우스티나 성녀는 그리스도의 얼굴에 드러난 표정이 "사랑 어린 자비로운"[30] 표정이며, 그분의 두 눈은 보는 이를 '뚫어지게 쳐다보지' 않고 '약간 아래쪽을 향하며' 그 눈길은 '십자가에서' 내려다보실 때처럼 자비롭다고 강조했습니다. 그리스도께서도 파우스티나 성녀에게 직접 말씀하셨습니다.

"이 성상화에서의 나의 눈길은 십자가 위에서의 나의 눈길과 똑같다."(『일기』 326)

그래서 화가는 계속해서 예수님의 얼굴을 다시 그려야 했습니다. 하지만 파우스티나 성녀를 만족시킬 수는 없었습니다. 결국 그녀가 참견을 하며 그림이 흉하다고 말을 했습니다. 하지만 주님께서는 "좋지는 않지만, 그것으로 충분하다." 하시며, 그림을 그대로 두라고 하셨습니다.

나중에 그녀는 이렇게 적었습니다. 어느 땐가 그녀가 성당에 들어가 울면서 주님께 여쭈었습니다. "주님 당신을 당신 모습 그대로 아름답게 그릴 사람은 누구인가요?" 그러자 그분이 답하셨습니다. "이 초상의 위대함은 그 빛깔이나 붓으로 그린 아름다움에 있는 것이 아니라, 나의 은총 안에 있는 것이다."(『일기』, 313)

저는 은총을 청하는 것이 중요하다고 생각합니다. 우리가 어떤 버전의 상본을 보는지와 상관없이, 그리스도의 자비로운 눈길을 화가가 얼마나 잘 포착했는지 혹은 얼마나 서툴게 포착했는지 상관없이, 우리는 그려진 이미지 너머 그리스도의 진짜 얼굴과 그 사랑의 눈길을 볼 수 있는 은총을 청해야 합니다.

세리 자캐오의 마음을 꿰뚫고 그의 삶을 영원히 바꾸어 놓았던 것이 바로 이 눈길이었습니다(루카 19,5-6 참조). 예수님을 부인한 베드로를 바라보시던 눈길도 바로 이 눈길이었으며, 결국 그가 참회의 눈물을 흘리게 된 것도 이 눈길 때문이었습니다(루카 22,61-62 참조). 그리고 프란치스코 교황 또한 이 자비의 눈길을 경험함으로써 수도 생활로 부름받았습니다.

실제 2013년 한 인터뷰에서 "호르헤 마리오 베르골리오는 누구입니까?"라는 질문을 받고 프란치스코 교황은 "주님께서 바라보신 죄인"이라고 말했습니다.[31]

마더 데레사 성녀는 이 눈길을 경험한 것이 너무도 중요했기에 죽기 전 사랑의 선교회에 쓴 편지에서 이렇게 말했습니다.

예수님은 내가 여러분에게 여러분 각자에 대해 그분이 얼마나 많은 사랑을 지니고 계시는지… 말하기를 원하십니다. 그 사랑은 여러분이 상상할 수 있는 모든 것을 넘어섭니다. 여러분 가운데 여전히 예수님을 진정으로 만나지 못한 이들이 있을까 걱정됩니다. 여러분 각자와 예수님만이 일대일로 만나는 만남 말입니다. 우리가 성당에서 시간을 좀 보낼지는 모르겠습니다. 하지만 여러분은 그분이 어떻게 사랑으로 여러분을 바라보시는지, 여러분 영혼의 눈으로 본 적 있습니까? 여러분은 살아 계신 예수님을 정말로 알고 있습니까? …그분은 여러분을 사랑하십니다. 하지만 그 이상입니다. 그분은 여러분을 애타게 바라십니다. 여러분이 가까이 오지 않을 때 그분은 여러분을 그리워하십니다. 그분은 여러분을 갈구하십니다. 그분은 여러분을 늘 사랑하십니다. 여러분이 그럴 자격이 없다고 느껴질 때조차 그러합니다. 다른 이들이 여러분을 받아들여 주지 않을 때에도, 때로는 스스로도 자신을 받아들일 수 없을 때조차 그분은 늘 여러분을 받아 주십니다.[32]

프란치스코 교황은 자비의 특별 희년을 선포하는 칙서「자비의 얼굴」에서 이렇게 썼습니다. "예수 그리스도께서는 하느님 아버지의 자비의 얼굴이십니다."(1항) "…영원토록, 인간은 하느님 아버지의 자비로운 눈길 아래 있으리라는 것"(7항)입니다. 교황은 마치 하느님 자비의 상본을 보고 있었던 것처럼 이렇게 이어서 쓰고 있습니다.

"우리가 예수님과 그분의 자비로운 얼굴(눈길)을 끊임없이 바라보면 거룩하신 삼위일체 하느님의 사랑을 깨달을 수 있습니다. 예수님께서는 하느님 사랑의 신비를 온전히 드러내라는 임무를 아버지께 받으셨습니다. …이 사랑은 이제 예수님의 온 삶에서 눈에 보이게 분명히 드러났습니다. 그분께서는 오직 사랑이십니다. …그분 안에 있는 모든 것이 자비로 드러납니다. 그분 안에 있는 것은 무엇이든 자비가 넘칩니다."(8항)

하느님 자비의 상본은 단지 우리가 보기 위해 예수님을 그린 그림만은 아닙니다. 매우 현실적인 의미에서 이 상본은 하느님께서 우리를 어떻게 바라보시는지, 그 실제 속으로 우리가 들어갈 수 있도록 도와주는 이콘입니다. 이 이콘은 하느님께서 우리를 어떻게 사랑하시는지 우리가 내면의 눈으로 보도록 도와줍니다. 그리하여 우리 아버지이신 하느님께서 "자비하시고 너그러우시며 분노에 더디시고 자애가 넘치신다."(시편 103,8)는 것을 알게 해 줍니다.

네 번째 비밀
하느님은 거꾸로 사랑하십니다

나는 의인들보다 죄인들에게 더욱 관대하다.
– 예수님께서 파우스티나 성녀에게 하신 말씀, 「일기」, 1275

앞에서 우리는 하느님께서 우리를 어떻게 사랑하시는지 더 깊이 이해하고 그분께 의탁하게 되는 데 하느님 자비의 상본이 도움을 줄 수 있다는 사실을 살펴보았습니다.

하지만 그림 자체가 그런 도움을 주도록 그려진 것은 아닙니다. 그림은 오랜 세월을 관통하여 우리에게 알려진 하느님의 계시들 속으로 우리를 더 깊이 이끌고, 성경과 교회의 가르침, 성인들과 특히 우리 시대의 성녀 파우스티나를 통해 하느님께서 우리에게 들려주시는 말씀을 상기시켜 줍니다.

너울 걷기

파우스티나 성녀는 하느님 자비의 핵심 메시지를 우리가 정말로 보고 이해하지 못하게 가로막는 너울을 걷어 올리는 것이 자신의 사명임을 알고 있었습니다. 그 메시지란 바로 하느님은 우리를 사랑하신다는 것, 그러므로 그분께 의탁하라는 것이었습니다.

파우스티나 성녀는 이 두 가지가 서로 연결되어 있음을 알았습니다. 우리는 사실 하느님께서 우리를 어떻게 사랑하시는지 이해하지 못합니다. 그러하기에 우리는 그분께 완전히 의탁하지 않습니다. 그래서 파우스티나 성녀는 우리가 하느님을 있는 그대로 정말 이해하고, 그분께 의탁하지 않아 상처 입히는 일을 멈추도록 그 너울을 걷어 올리는 사명에 착수했던 것입니다.

"오, 하느님, 저는 영혼들이 주님을 알게 되고, 주님께서 깊이를 알 수 없는 주님의 사랑 때문에 저들을 창조하셨음을 저들이 알게 되기를 간절히 바랍니다. 오, 저의 창조주이신 주님, 저는 이 세상이 주님의 선하심을 의심하지 못하도록 하늘의 장막(너울)을 걷어 버리고 싶습니다."(『일기』 483)

파우스티나 성녀는 땅에서나 하늘에서나 이것이 영원히 자신의 사명이 될 것임을 확신했습니다.

"내가 죽는 순간 내 사명이 끝나는 것이 아니라 오히려 새롭게 시작된다는 것을 확실히 느낀다. 오, 의심하는 영혼들이여, 나는 당신들을 위해 하늘을 가리는 장막(너울)을 거두어, 당신들이 하느님의 선하심을 확신하도록 해 주겠습니다. 그러면 당신들은 자신의 불신으로 인해 가장 감미로운 예수님의 성심에 상처를 입혀 드리는 짓을 더 계속하지 않게 될 것입니다."(『일기』, 281)

제가 보기에, 걷혀야 할 주된 '너울'이란 우리가 사랑하는 방식으로 하느님도 사랑하신다고 생각하는 경향입니다.

창세기(1,26-27)에서는 하느님께서 우리를 그분의 모습대로 비슷하게 창조하셨다고 합니다. 하지만 우리는 계속해서 하느님을 우리의 모습으로 다시 창조하고자 합니다. 우리는 계속해서 하느님이 우리와 비슷하다고 생각합니다. 우리처럼 생각하고, 우리처럼 사물을 인식하고, 우리처럼 사랑하고(그리고 증오하고), 우리처럼 화내고 성내는 분으로 생각하는 것입니다.

그래서 하느님은 누구이시고 우리는 누구인가에 대한 왜곡된 관점이 생겨납니다. 그분은 우리와 같지 않습니다. 우리가 그분과 같아야 합니다. 그것이 바로 그분이 우리를 창조하신 까닭입니다. 기억납니까? 우리가 그분처럼 되는 것, 그리하여 그분과 영원히 함께 있을 수 있는 것 말입니다. 그래서 그분은 우리를 늘 사랑하시며, 우리를 부르시고 계십니다. 그리고 우리가 그분이 창조하셨던 그대로의 존재가 되도록 우리를 돕고자 애쓰고 계십니다.

　우리는 하느님께서 사랑하시며 용서하시는 분임을 믿는다고 말합니다. 하지만 단지 생각에 그치고, 우리 머릿속에 머무는 종교적 관념에 불과할 때가 너무도 많습니다. 우리는 단지 그것을 몸에 새겨지고 마음으로 느끼는 앎으로 깊이 깨닫지 못합니다. 하느님께서 정말 그토록 나를 사랑하시고 모든 것을 통하여 내 곁에 계시리라는, 삶을 바꾸어 놓을 확신으로 체화하지 못하는 것입니다.

　우리는 이해하지 못합니다. 이해했다 해도 곧잘 잊습니다. 그렇기 때문에 우리는 절대 온전히 평화롭지 못하고, 온전히 쉬지도 못합니다. 다만 언제나 조금 끄트머리가 해어진 채로 걱정하고, 스트레스를 받고, 불안하고, 외롭고, 나중에 기억하지도 못할 '중요한' 일에 사로잡혀 있습니다. 시인 브라이언트는 '죽음에 관한 고찰'[33]이라는 시에서 우리 각자가 날마다 '좋아하는 유령들'을 쫓으며 터벅터벅 걸어간다고 썼습니다. 우리는 행복과 평화를 쫓고 있지만, 우리의 마음을 단순히 하느님의 다정함 안에서 쉴 수 있게 내버려 두는 법을 배울 때까지 그 평화와 행복은 우리에게서 교묘히 빠져나갈 것입니다.

우리가 정말 깨달아야 하는 것은, 우리가 사랑하는 방식과 비교했을 때 하느님은 거꾸로 사랑하신다는 사실입니다. 그러나 이제 분명한 것은 우리야말로 거꾸로 사랑하고 있다는 것입니다. 하지만 우리와 비교할 때, 즉 사랑에 관한 우리의 관념이나 사랑 방식과 비교할 때는 마치 하느님께서 전부 잘못한 것처럼 보이기 마련입니다.

똑바로 처신해라

우리가 사랑하는 방식을 돌아보고, 하느님께서 사랑하시는 방식과 비교해 봅시다.

가장 먼저 깨달아야 할 것은 사랑이란 단지 어떤 감정이 아니라는 것입니다. 사랑은 그저 어쩌다 '일어나는' 어떤 것이 아닙니다. 대부분 우리는 사랑에 빠지지도 않고, 사랑 밖으로 떨어지지도 않습니다. 우리는 사랑하는 법을 배웁니다. 그리고 모든 학습이 다 그러하듯, 사랑 역시 잘 배울 수도 나쁘게 배울 수도 있습니다. 이는 우리가 어떻게 양육되었는지, 무엇을 경험하는지에 달려 있습니다. 특히 우리가 다른 사람들에 의해 어떻게 다루어졌는지와 관련되어 있습니다.

대부분 우리는 사랑하는 법을 배우되, 행위에 근거하여 다른 사람들로부터 사랑을 '벌어들이는' 법을 배웁니다. 우리가 행하는 것(혹은 행하지 않는 것)이 사람들의 반응 방식에 영향을 준다는 것을 배우는 것입니다.

우리는 부모, 교사, 친구, 그리고 낯선 타인들까지도 우리가 행동하는 방식에 근거하여 긍정적이거나 부정적으로 반응한다는 것을 이른 시기에 배웁니다. 산타클로스조차 우리가 '착한지 나쁜지' 알아보려고 주시하고 있습니다. 여러분이 좋은 사람이면 좋은 것을 받지만, 나쁜 사람이면 양말 안에 오직 숯덩이밖에 받지 못합니다.[34]

여러분이 "네"라고 말하면 엄마 아빠의 미소를 볼 수 있지만, "아니요"라고 말하면 찌푸린 얼굴에서 나오는 화난 말들만 듣게 됩니다(혹은 이름이 불리기도 합니다). 유치원에 다닌 이후로 행동을 잘하는 사람은 황금 별표를 받습니다. 주변 사람들은 긍정적인 표정으로 등을 두드려 주고 인정하는 말들을 들려줍니다. 우리가 상을 받거나 벌을 받는 것, 사랑을 받거나 받지 못하는 것, 이 모두가 우리의 처신에 달려 있습니다.

저는 이러한 현실을 정말로 잘 배웠습니다. 사랑은 조건적이라는 것을 배워서(그 단어의 의미를 알기 훨씬 전부터) 알았습니다. 저는 '똑바로 처신하는' 법을 배웠습니다. 다른 사람들에게서 사랑과 인정을 '벌어들이는' 말과 행동을 배운 것입니다. 그것은 이를테면 '냉·온수 수도꼭지' 같은 경험이 되었습니다. 사람들이 내 행동에 따라 '뜨거워지기도' 하고 '차가워지기도' 하니까요.

저는 이것이 사랑을 받는 방법이라고 배웠습니다. 그래서 자연스럽게 제가 사랑을 주는 방법도 이와 같아졌습니다. 살면서 대부분 제가 가장 사랑하는 사람들은 저를 가장 사랑하는 사람이거나 저를 잘 대해 주는 사람, 제 기대에 따라 행동하는 사람이었습니다.

하느님은 이런 식으로 아이들을 다루는 저를 용서하십니다. 저는 아이들이 제 '규칙'을 얼마나 잘 지키는지, 제가 생각하기에 아이들에게 최선인 것을 얼마나 잘하는지에 근거해서 사랑을 보여 주거나 거두어들였습니다.

핵심적으로, 사랑에 대한 왜곡된 이런 관념은 우리를 로봇으로 만들어 놓습니다. 우리가 어떻게 행동할지를 다른 사람들이 선택하게 두는 것입니다. 여러분이 저를 귀찮게 하는 행동을 하면 저도 거기에 반응합니다. 그러면 여러분도 저의 반응에 반응합니다. 그렇게 우리는 서로의 행동을 살피면서 계속해서 서로 반응을 주고받습니다. 여러분이나 저나 어느 쪽도 상대를 한 인격으로 보지 않습니다. 어느 쪽도 상대에게 마음을 쓰려고 하지 않는 것입니다. 단순하게 상대의 행동을 보고 반응할 따름입니다.

여러 해 전에 저는 제가 가르치는 심리학 수업에서 학생들에게 이러한 개념을 이해시키려고 애쓰고 있었는데, 그때 '버튼'이라는 시를 썼습니다. 시에 담긴 기본 생각은 우리 모두에게 우리 행동을 조절하는 버튼이 있다는 것입니다. 여러분이 누군가를 더 많이 알게 되면 그에게 있는 어떤 버튼을 눌러야 여러분이 원하는 반응을 얻을 수 있는지 더 많이 배우게 됩니다.

아이들은 여기에 매우 능숙합니다. 어떤 버튼을 눌러야 하는지 빨리 배울 뿐더러, 그렇게 하면서 즐거워합니다. 아이들이 배우는 것은 일종의 시험 절차인 셈입니다.

우리는 자라면서 점점 더 교묘해집니다. 의식적으로 알고 있거나 의도하지 않았을 때조차 서로를 조종하려 할 때가 많습니다. 우리는 이러한 배움을 '잊을' 필요가 있습니다. 행위가 아니라 인격에 초점 맞추는 법을 배워야 하는 것입니다.

버튼[35]

나를 좋아하게 만드는 버튼을 눌러야 할까?
나를 미워하게 만드는 버튼을 눌러야 할까?

아마도 분노 버튼을 눌러야

너의 찡그린 얼굴과 비웃는 표정을 볼 수 있겠지?

아니면 너의 판단이나 낙인 버튼을 눌러야 할까?
아, 그러면 네가 안전하게 느끼도록 만들어 줄 텐데.
가만 보자… 이제 너의 어디를 눌러야 하지?

선택 사항이 너무 많구나!
결정하기 너무 어렵다.

오, 잠깐만… 이건 뭘까?
너무 작아서… 지나칠 뻔했구나!

오, 그래, 원하던 버튼이 여기에 있군.
너의 버튼들을 하늘로 날려 버릴 버튼,
누르고 나면 너에겐 버튼이 하나도 남지 않아, 자유로워지는 거야!

하느님께는 버튼이 없다

보다시피 목표는 버튼 없는 사람이 되는 것입니다. 자유로워지는 것. 그리하여 다른 사람들이 여러분을 위해 결정하는 대신 여러분 스스로 어떻게 행동하고자 하는지 결정하는 것입니다.

하느님처럼 사랑할 수 있도록 자유로워지는 것입니다.

하느님께는 우리가 그분을 어떤 특정한 방식으로 행동하게 만들 수 있는 그런 버튼이 전혀 없습니다. 하느님은 어떻게 행동할 것인지 스스로 결정하시며, 그 결정은 언제나 동일합니다. 우리가 사랑 받을 '자격이 있을' 때만 하느님께서 우리를 사랑하시는 것은 아닙니다. 그분은 늘 사랑하기를 선택하십니다. 하느님은 세상이 태어나기 전부터 그렇게 하기로 결정하셨습니다. 사랑이야말로 그분의 본성이기 때문입니다.

우리는 자신의 행동을 보고 그분의 사랑을 받을 자격이 없다고 생각합니다. 그런데 들어보십시오. 물론 여러분은 그분의 사랑에 합당하지 않습니다. 그분은 하느님이시고, 여러분은 그분이 흙으로 만든 피조물에 지나지 않습니다. 그럼, 그분의 사랑을 받을 자격을 얻기 위해 여러분은 무엇을 할 수 있겠습니까?
좋은 소식은 여러분이 그분의 사랑에 합당한 자격을 갖출 필요가 없다는 것입니다. 그분이 여러분을 사랑하는 것은 그분의 존재가 그러한 분이시기 때문입니다. 그분은 여러분을 창조하시되 단지 피조물로 창조하신 것이 아니라 그분의 자녀로 창조하셨습니다.
여러분은 하느님의 사랑을 벌어들일 수 없습니다. 또한 여러분

은 그 사랑을 잃을 수도 없습니다. 여러분은 이미 그 사랑을 받았고, 그 사랑은 영원합니다.[36]

시험 시간

한 가지 구체적인 예를 살펴봅시다. 여기 간단한 문제가 몇 개 있습니다. 여러분에게 친구가 세 명 있습니다.

친구 A. 이 사람은 영원한 친구입니다. 여러분이 언제든 의지할 수 있고, 말 그대로 여러분에게 입고 있던 옷이라도 벗어 줄 사람입니다. 여러분을 사랑하고 있고 언제나 여러분을 위해 그 자리에 있어 줄 사람임을 여러분은 알고 있습니다.

친구 B. 좋을 때만 친구인 사람입니다. 모든 것이 잘될 때는 좋은 친구지만, 상황이 좋지 않을 때는 여러분이 의지할 수 있게 곁에 있어 주는 친구가 아닙니다.

친구 C. 피상적인 친구입니다. 일종의 '안녕, 반가워' 친구입니다. 만나면 유쾌하긴 하지만, 아무런 깊이도 없고, 진정한 관계도 없는 그런 친구입니다.

이제 솔직히 어느 친구가 여러분의 사랑을 가장 많이 끌어내는 경향이 있습니까? 어느 친구가 여러분의 사랑에 대한 가장 큰 권리를 가지고 있습니까? 우리 가운데 대부분은 친구 A, 즉 영원한 친구를 선택할 것입니다. 그런 친구가 우리의 사랑을 가장 많이

끌어낼 친구이며, 우리의 사랑을 받을 만한 자격이 가장 많은 친구입니다.

하지만 하느님은 그런 식으로 사랑하지 않으십니다. 하느님의 사랑을 가장 많이 끌어낼 친구는 누구일까요? 피상적인 친구인 친구 C입니다. 하느님의 사랑을 받을 만한 자격이 없는 그런 친구입니다. 거꾸로 된 것처럼 보이지 않습니까?

우선순위 접근

파우스티나 성녀에게 내린 계시에서도 그리스도는 이 점을 분명히 밝히고 계십니다.

> "나의 자비의 샘은 십자가 위에서 창에 찔려 모든 영혼들을 위해 넓게 열렸다."(『일기』, 1182)
>
> "어떤 영혼도 내게 오기를 두려워하지 않도록 해 주어라. 비록 '너희 죄가 진홍같이 붉어도….'"(『일기』, 699)
>
> "죄가 큰 죄인일수록 나의 자비에 대해서 더 큰 권리를 가지고 있다."(『일기』, 723)
>
> "대죄인들이 나의 자비에 의탁하도록 인도하여라. 그들은 어느 누구보다도 더 내 자비의 심연에 의탁할 권리를 가지고 있다."
> (『일기』, 1146)

"내가 의인들보다는 죄인들에게 더욱 관대하다는 것을 기록하여라."(『일기』, 1275)

"어느 영혼이 자신의 죄가 얼마나 끔찍한 것인지를 보고 깨달을 때에… 그는 실망에 빠지지 말고… 믿음을 갖고 나의 자비의 품 속에 안겨야 한다. 이런 영혼들은 동정심으로 가득한 내 마음에 대한 우선권을 가지며, 나의 자비에로 제일 먼저 다가올 수 있다."(『일기』, 1541)

우와! 너무 지나친 말씀처럼 들리기도 합니다. 가장 큰 죄인들에게 그분의 자비에 대한 가장 큰 권리가 있다? 다른 이들에게 앞선 권리가? 그분은 착하게 살고 있는 사람들보다 죄인들에게 더욱 너그러우시다? 최악의 죄인들이 우선권을 갖는다? 그분의 자비에 먼저 닿을 권리를? 여러분은 이 말씀이 어떻게 느껴집니까? 여러분이 보기에 올바른 것 같은 생각이 드나요?

제 마음을 오랫동안 불편하게 했던 복음서의 두 가지 이야기가 떠오릅니다. 이 이야기들을 읽고 저는 화가 나기도 했었습니다.

한 이야기는 바로 되찾은 아들의 비유(루카 15,11-32)입니다. 저는 말하자면 이야기 속 큰아들과 조금 닮았습니다. "아버지, 저는 규칙을 잘 지켜 왔고, 이곳을 떠나지 않고 열심히 일했습니다! 저는 밖에 나가서 돈을 다 써버리지도 않았고, 내 몫의 유산을 요구하지도 않았습니다. 저야말로 좋은 아들입니다! 좋은 일을 하는 사람은 바로 전데, 저 아들을 위해서 잔치를 벌여 주시는군요!"

다른 한 이야기는 선한 포도밭 주인의 비유(마태 20,1-16)입니다. "아니, 잠깐! 나는 뜨거운 태양 아래 하루 종일 노예처럼 일했소! 이 사람은 딱 한 시간 일했을 뿐인데 나랑 똑같은 급료를 받는다니?!"

그건 정말 공평하지 않아요!

우리 '착한 그리스도인들' 안으로 살금살금 기어들어 와서 뭔가 속은 것 같고 무시당한 것 같은 생각이 들게 하는, 교묘한 형태의 시기와 판단이 밀어닥치는 경험을 해 본 적이 있지 않습니까? 우리가 얻지 못한 것을 다른 누군가가 얻고 있기 때문에 화가 나거나 억울하지는 않았나요? 그들보다 우리가 그것을 받을 자격이 훨씬 더 많았는데 말입니다.

저는 여러분에 대해 알지 못하지만, 제 마음에 떠오르는 문장이 하나 있습니다. "그건 정말 공평하지 않아요!" 여러분은 직접 그렇게 말하거나 적어도 그렇게 생각한 적이 있지 않은가요?

이 말은 언제나 제 대학 때 선생님 한 분을 떠올리게 합니다. 제가 결혼한다는 소식을 듣고 선생님은 이렇게 말씀하셨습니다.

생각해 보게. 자네가 자녀를 갖게 되었는데, 큰아이가 와서 이렇게 불평을 하는 거야. "아빠, 이건 공평하지 않아요." 그럼 자네는 이렇게 대답하게. "내가 장담하는데, 나는 공평해지려고 하지는 않을 거야. 하지만 언제나 정의로워지려고 노력할 거란다."

'공평'의 의미는 무엇입니까? 여러분이 "아빠, 이건 공평하지 않아요."라고 말한다면 그것은 "아빠는 나를 대하는 것과 달리 그를 대하고 있어요."라고 말하고 있는 겁니다. 공평하다는 것은 똑같다는 것입니다. 공평하다는 것은 내가 모든 사람을 정확히 똑같은 방식으로 대한다는 것입니다.

하지만 그것은 정의롭지 못합니다. 제게는 아이들이 일곱 명 있습니다. 제가 제 아이들을 모두 똑같이 대한다면 저는 적어도 그 가운데 여섯 아이들을 정의롭지 않게 대하고 있는 것입니다. 아이들 각자는 완전히 고유한 인격이기 때문입니다! 욕구도 각기 다르고, 성격도 각기 다르며, 배우고 이해하는 방식도 각기 다릅니다.

저는 제 아이들을 모두 사랑합니다. 하지만 단지 그들 모두를 사랑하는 것이 아니라, 그들 각자를 사랑하며, 그들을 각기 다르게 사랑합니다. 만약 제가 그들 모두를 똑같이 대하려고 노력했더라면 정말 끔찍한 상황이 벌어졌을 것입니다. 특히 그건 정의롭지 못한 상황이었을 겁니다.

정의의 관점에서 아이들의 아버지인 저는 아이들이 '정의롭게 행동'하고 서로 조화를 추구하도록 이끌기 위하여 아이들을 개별적 인격으로 존중하고, 각각의 아이들을 가능한 최선의 방법으로 이해하고 응답함으로써 '부성에 충실'해야 하는 도덕적 책임이 있습니다. 정의의 관점에서(그리고 '완벽한 정의를 드러내는' 자비의 관점에서) 저는 하느님 아버지께서 저를 사랑하시는 것과 똑같이, 일대일의 인격적이고 헌신적인 방식으로 제 아이들 각자를 알고 사랑해야 할 책임이 있습니다(「자비로우신 하느님」, 8항 참조).

행위를 넘어서

하느님은 시간이 있기도 전부터 우리 각자를 아셨고 사랑하셨습니다. 기억나지요? 하느님은 우리 각자를 선택하셨고, 우리 각자를 친밀하게 알고 계십니다. 그분은 오직 우리의 선을 구하시고, 오직 우리에게 강복하시며, 우리를 회복시키시고, 우리를 그분께로 이끄시고자 우리의 고유한 욕구에 응답하십니다. 그분은 행위 너머를 보시며, 상황 너머를 보십니다. 심지어 죄를 넘어서 사람을 보십니다. 그분은 사랑으로 창조하셨습니다.

그분은 모든 것을 보십니다. 우리의 모든 죄, 우리의 모든 약점,

깊이 감추어 둔 우리의 생각들까지 모두 보십니다. 하지만 그분은 우리 자신에게조차 보이지 않는 아름다운 '아직'을 보십니다. 그분은 우리가 되지 못한 우리 존재의 '아직'을 보십니다. 그리고 그분은 타오르는, 치유하는, 모든 것을 포용하는 사랑의 눈길로 우리 각자의 이름을 부르시어 그분 자신을 우리의 집으로 초대하십니다.[37]

저는 우리 가족 중 한 사람이 회사 동료들 가운데 어떤 이들의 행동 방식을 다루는 데 도움을 얻고자 찾아왔을 때 제 형 아트가 해 준 조언을 기억합니다. 그녀에게는 이것이 정말 심각한 문제였고, 그래서 그녀는 분노하거나 적의를 품지 않고도 이 문제를 다루기 위해 애를 쓰고 있었습니다. 아트는 그녀에게 말했습니다.

"행위를 넘어서 사랑할 필요가 있어요."

제 형 아트는 매일의 삶에서 이러한 조언을 스스로 실천하며 살았습니다. 다른 사람들 대부분이 길을 건너면서까지 피해 가려고 하는 사람과 이야기를 나누려고 일부러 길을 건너곤 했습니다. 다른 이들에게 보이는 부정적인 면, 짜증나게 하는 일이 그의 눈에도 모두 보였지만, 그는 그것을 넘어서 사랑하기로 선택했습니다.

프란치스코 교황은 이렇게 설명합니다.

"예수님의 부르심은 우리 각자를 밀어내어 결코 사물의 표면에서 멈출 수 없게 합니다. 특히 우리가 한 사람을 다루고 있을 때 그러합니다. 우리는 그 너머를 바라보도록 부름받았습니다. 모든 이가 얼마나 많은 너그러움을 지닐 수 있는지 보기 위하여 마음에 초점을 맞추도록 부름받았습니다. 어느 누구도 하느님의 자비에서 제외될 수 없습니다. 그것에 이르는 길을 모두가 알고 있으며, 교회는 모두를 환영하고 누구도 거부하지 않는 집입니다. 교회의 문은 언제나 활짝 열려 있습니다. 그리하여 은총에 감화된 사람들은 확실한 용서를 발견할 수 있습니다. 죄가 클수록, 그만큼 교회가 드러내는 사랑도 더욱 커져야 합니다."(2015년 3월 13일 강론)

왜 가장 큰 죄인들에게 하느님 자비에 대한 가장 큰 권리가 있습니까? 그들에게 하느님 자비가 가장 필요하기 때문입니다. 그리고 성경을 통하여 그리스도께서 우리에게 말씀하시듯, 그분은 의인을 구하러 오신 것이 아니라, 병자를 구하러 오셨습니다. 하느님은 죄가 병이라는 것을 알고 계십니다. 죄는 상처이며, 고난입니다. 또한 하느님은 한 사람을 죄로 이끄는 것들을 모두 알고 계십니다.

앞서 언급하였듯이, 여러분과 저는 행위에 초점을 맞추고 사람들을(우리 자신까지도) 판단하는 경향이 있습니다. 이때 우리는 어떤 행동을 우리가 인정하는지 아닌지에 근거하여 판단하는 것입니다. 그리고 그것이 사랑을 줄 것인지 거둘 것인지 결정하는 척도가 됩니다.

하느님의 초점은 우리의 행위에 맞추어져 있지 않습니다. 하느님은 그분과 우리의 관계에 초점을 맞추십니다. 그분은 우리의 부정적인 행위, 즉 우리의 죄가 우리를 그분으로부터 떼어 놓고, 그분과 우리의 관계를 약화시킨다는 것을 아십니다. 그래서 프란치스코 교황이 "자비의 심판… 정의를 넘어서는 사랑"(2015년 3월 13일)이라 부른 것으로 하느님은 응답하십니다.

복음서에서 그리스도는 이에 대해 완곡하게 말씀하지 않으십니다. 그분이 사랑하시는 방식으로 우리가 사랑하기를 기대하신다고 그분은 틀림없이 명백하게 말씀하십니다. 그리고 매우 구체적으로 언급하십니다.

"너희는 원수를 사랑하여라. 너희를 미워하는 자들에게 잘해 주고 너희가 자기를 사랑하는 이들만 사랑한다면 무슨 인정을 받겠느냐? 죄인들도 자기를 사랑하는 이들은 사랑한다. 너희가 자기에게 잘해 주는 이들에게만 잘해 준다면 무슨 인정을 받겠느냐? 죄인들도 그것은 한다. 그러나 너희는 원수를 사랑하여라.

그에게 잘해 주고… 그러면… 너희는 지극히 높으신 분의 자녀가 될 것이다. 그분께서는 은혜를 모르는 자들과 악한 자들에게도 인자하시기 때문이다. 너희 아버지께서 자비하신 것처럼 너희도 자비로운 사람이 되어라. …너희가 되질하는 바로 그 되로 너희도 되받을 것이다."(루카 6,27.32-33.35-36.38)

이것은 우리에게 주어진 도전입니다. 우리는 하느님이 사랑하시는 방식과 우리가 사랑하는 방식 사이의 근본적인 차이를 이해하고, 하느님의 방식으로 돌아가야 합니다. '거꾸로' 사랑하는 법을 배워야 합니다.

다 섯 번 째 비 밀
탕자^{蕩子}의 아버지는 탕부^{蕩父}

자비가 내 깊은 곳에 가득 차 있고 내가 창조한 모든 것들 위로
쏟아져 내리고 있다.
– 예수님께서 파우스티나 성녀에게 하신 말씀, 「일기」, 1784

어린아이였을 때 저는 탕자라는 것이 무슨 의미인지 짐작도 할 수 없었습니다. 제가 알던 것이라고는 그 유명한 되찾은 아들의 비유(루카 15,11-32 참조)에 나오는 작은아들이 정말 문제가 있는 사람이라는 것뿐이었습니다.

그래서 저는 이 작은아들에 대해 알게 된 것들을 그저 무의식적으로 탕자라는 단어에 연결시켰습니다. 제게 탕자는 반항적이고 나쁜 것, 정말 죄인을 의미하는 단어가 되었습니다.

나중에 저는 큰아들 역시 별로 좋지 않은 사람이라는 것을 깨달았습니다. 그 역시 탕자였습니다. 그런데 이 이야기가 사실은 두 아들에 관한 것이 아님을 깨닫게 된 것은 훨씬 뒤의 일입니

다. 이 이야기는 두 아들의 아버지에 관한 것이었습니다. 그리고 이 아버지가 하느님 아버지를 나타낸다는 것은 너무나 분명합니다. 그분이야말로 탕부蕩父였습니다. 제가 보기에 이 이야기는 다른 것이 아니라 바로 탕부의 비유였습니다.

그렇다면 탕자의 '탕蕩'이 정말 의미하는 것은 무엇일까요? 그 말의 의미는 "아낌없이 쓰다, 아낌없이 주다"(prodigal, "헤프다, 후하다"라는 뜻의 라틴어 'prodigere'에서 왔다)입니다. 부정적인 의미로는 돈이나 자원을 허비한다는 것, 경솔하고 무모할 만큼 사치스럽다는 말입니다.

탕자, 아낌없이 쓰는 아들

분명히 그런 말은 작은아들을 무척 정확하게 묘사한 듯 보입니다. 이 아들은 자신이 상속받을 재산을 미리 달라고 해서 아버지의 곁을 떠나 고향에서 멀리 떨어진 고장으로 가 버립니다. 그곳에서 그는 흥청망청 돈을 쓰며 '즐거운 한때'를 보냅니다. 그리고 그렇게 느슨하게 살며 가진 돈을 다 써버린 뒤에야 갑작스레 자신이 사실은 그렇게 즐거운 한때를 보내고 있지 않다는 것을 깨닫습니다.

"며칠 뒤에 작은아들은 자기 것을 모두 챙겨서 먼 고장으로 떠났다. 그러고는 그곳에서 방종한 생활을 하며 자기 재산을 허비하였다. 모든 것을 탕진하였을 즈음 그 고장에 심한 기근이 들어, 그가 곤궁에 허덕이기 시작하였다."(루카 15,13-14)

아버지의 집을 떠난 작은아들은 돈을 모두 잃었습니다. 하지만 성 요한 바오로 2세 교황은 「자비로우신 하느님」에서 이 아들이 더 큰 가치가 있는 무언가를 또 잃었다고 썼습니다.

"그 아들이 자기 아버지에게서 유산으로 받은 재물은 막대했지만, 그 재물보다 훨씬 중요한 것은 아버지의 집에서 누리던 아들로서의 품위였습니다."(「자비로우신 하느님」 5항)

교황의 계속되는 설명을 보면, 이 아들이 차츰 이르게 된 것은 "자기가 상실한 품위에 대한 깨달음… 아들이 아버지와 맺는 혈연에서 오는 그 품위에 대한 깨달음"(5항)입니다.

자신이 치고 있던 돼지들이 자기보다 잘 먹고 있으며, 아버지 집의 품팔이꾼들도 이제 자기에게는 없는 기본적인 재화들을 가지고 있음을 깨닫고 이 아들은 아버지에게 돌아가 품팔이꾼으로 삼아 달라 부탁하기로 결심했습니다.

자기 아버지의 집에서 품팔이꾼으로 일하면서 생계를 유지하는 것은 커다란 굴욕입니다. 하지만 성 요한 바오로 2세 교황의 지적처럼 이 아들은 이를 기꺼이 받아들이려고 합니다. "자기 아버지 집에 품팔이꾼으로 들어가는 길 말고는 더 이상 다른 자격이 전혀 없다는 것을 깨달았던 것입니다."(5항) 그래서 이 아들은 아버지를 다시 만날 각본을 준비합니다.

"일어나 아버지께 가서 이렇게 말씀드려야지. '아버지, 제가 하늘과 아버지께 죄를 지었습니다. 저는 아버지의 아들이라고 불릴 자격이 없습니다. 저를 아버지의 품팔이꾼 가운데 하나로 삼아 주십시오.'"(루카 15,18-19)

그는 이미 현실을 직시하고 있었습니다. 고통스럽게 자기 죄를 깨닫고, 정의의 규범에 따라 자신은 더 이상 아들로 불릴 자격이 없음을 알고 있었습니다. 그는 아들로서의 자격과 권리를 모두 잃었습니다.

그런데 이는 모두 커다란 거짓말입니다! 우리가 아들 또는 딸로서 자격을 잃는다는 것은 불가능합니다. 그래요, 불행하게도 이 지상에는 자녀와 의절하는 부모도 있습니다. 자녀의 행동 때문에 부모 자식 사이의 유대가 망가지도록 내버려 두는 것입니다. 그러나 하느님은 절대 자녀들과 의절하지 않으십니다. 그분은 거꾸로 사랑하신다는 것을 기억합니까? 우리가 그분을 아프게 할 때에도 그분은 우리에게 사랑을 덜 주시지 않습니다. 오히려 더 많이 주십니다!

방탕한 아들은 놀라게 되어 있습니다. 그는 정의에 대해서 배웠을 뿐, 이제 자비에 대해서 배우게 될 것이기 때문입니다.

탕부, 아낌없이 주는 아버지

작은아들은 먼 길을 다시 떠나 아버지의 집으로 돌아옵니다. 아마도 그는 아버지가 어떻게 반응할지를 상상하며 머릿속으로 연습하고 또 연습해 보았을 것입니다.

집에 도착해 마침내 아버지가 나오실 때까지 문을 두드린다. 아버지는 경멸하듯 그의 머리에서 발끝까지 훑어보며 말한다. "아, 그래 네 녀석이 울며 돌아올 줄 알았다. 이 파렴치한 녀석아. 상황이 별로 안 좋게 돌아간 모양이지, 그렇지? 그래, 너는 그래도 싸다. 그러니 있던 곳으로 돌아가라. 여긴 네가 있을 자리가 없다."

물론 아버지는 그렇게 말하지 않았습니다. 하지만 현실에서는 진짜 이런 식으로 반응하는 경우들이 있습니다. 그리고 때로는 입 밖으로 나온 말을 완전히 이해하려면 입 밖으로 나오지 않은 말을 살피는 것이 도움이 되기도 합니다.

실제로는 아들이 문을 두드리지도 않았습니다. 그럴 필요조차 없었습니다.

"그가 아직도 멀리 떨어져 있을 때에 아버지가 그를 보고 가엾은 마음이 들었다. 그리고 달려가 아들의 목을 껴안고 입을 맞추었다."(루카 15,20)

아들이 아직 '멀리 떨어져 있을 때' 아버지가 그를 먼저 보았습니다. 왜 그랬을까요? 아버지는 늘 보고 있었기 때문입니다. 기다리고 있었기 때문입니다. 하지만 아들을 보았을 때 아버지는 더 이상 기다리고만 있지 않았습니다. 그는 아들에게 달려가 껴안고 입을 맞추었습니다. 그리고 아들이 연습한 말을 미처 다 끝내기도 전에 종들에게 소리쳤습니다.

"어서 가장 좋은 옷을 가져다 입히고 손에 반지를 끼우고 발에 신발을 신겨 주어라. 그리고 살진 송아지를 끌어다가 잡아라. 먹고 즐기자. 나의 이 아들은 죽었다가 다시 살아났고 내가 잃었다가 도로 찾았다."(루카 15,22-24)

제멋대로 굴었던 아들이 돌아온 데 대한 반응치고 과하다는 생각이 들지 않습니까? 영웅이 돌아온 것이 아닙니다. 감사할 줄 모르고 반항적이기만 하던 아들이 아버지의 마음을 상하게 하면서까지 멀리 떠났다가 돌아온 것입니다. 이런 아들에게 우리 가운데 몇 명이나 이 아버지와 같은 식으로 반응하겠습니까?

사실 여기에는 제가 아직 다루지 않은 것들이 많이 있습니다. 예수님이 살던 당시의 히브리 문화에서는 상속 재산을 미리 요구하는 것은 아버지를 완전히 거부하는 것으로 여겨졌습니다. 즉, 아버지가 죽기를 바란다는 것이었습니다. 이 죄만으로도 아버지뿐 아니라 전체 공동체에서 의절을 당할 수 있었습니다.

당시 머나먼 낯선 고장으로 간다는 것, 이교도들과 어울리고 타락한 행동을 한다는 것, 그리고 돼지를 친다는 것은 모두 용서받을 수 없는 죄를 계속 더하는 것이었습니다. 이 모든 것에 비추어 보자면, 이런 아들에게 아버지가 달려가 마치 아무 일도 없었던 듯 다시 집안에 받아들이고 잔치까지 벌일 만큼 품위 없이 행동한다는 것은 엄격한 문화 규범과 완전히 결별한다는 것이었으며 공동체에서 추방되는 결과로 이어질 수 있었습니다.

앞서 언급했듯이 탕자의 '탕'을 나타내는 영어 단어 'prodigal'은 본래 아낌없이 쓰거나 준다는 뜻입니다. 부정적인 의미로는 "돈이나 자원을 허비하는 것, 경솔하고 무모할 만큼 사치스러운 것"입니다.

그러나 이 단어는 긍정적인 의미로도 쓰일 수 있으며, 그럴 때는 "선물을 듬뿍 주다, 엄청난 양으로 가득 차 있다, 너그럽게 아낌없이 줄 만큼 후하다"라는 뜻입니다.

탕자는 집에 돌아와 탕부를 만납니다. 이 아버지는 사랑으로 가득 차 있어 값없이 풍성하게 사랑을 주되, 행동이 아니라 관계에 근거해서 줍니다. "나의 이 아들은 죽었다가 다시 살아났고 내가 잃었다가 도로 찾았다."

이 아버지에게서 우리는 하느님 아버지를 봅니다. '자비로우신' 아버지, 하느님 자비의 상본에서 우리를 위해 '눈에 보이는' 모습이 되어 주신 그 아버지 말입니다. 그분은 사랑과 연민 가득한 탕부이십니다. 늘 밖을 살피며 우리가 집으로 돌아오기를 기다리고 계십니다. 그분의 너그러움에는 끝이 없습니다. 그분은 우리에게 늘 강복하시고, 우리를 늘 그분의 마음으로 다시 초대하시며, 은총과 사랑과 자비를 한껏 후하게 부어 주십니다.

큰아들

큰아들은 아버지의 기쁨을 함께 나누지 않았습니다. 그는 전혀 행복하지 않았습니다. 들에 나가 있다가 돌아오는 길에 노래하며 춤추는 소리를 듣고 하인을 불러 무슨 일이냐고 묻습니다. 하인은 이렇게 대답합니다.

"아우님이 오셨습니다. 아우님이 몸성히 돌아오셨다고 하여 아버님이 살진 송아지를 잡으셨습니다."(루카 15,27)

큰아들은 화가 나고 분해서 집으로 들어가기를 거부했습니다. 아버지가 이를 듣고 나와서 큰아들을 찾아 함께 들어가 즐기자고 타이릅니다. 하지만 큰아들은 지독하게 불평합니다.

"보십시오, 저는 여러 해 동안 종처럼 아버지를 섬기며 아버지의 명을 한 번도 어기지 않았습니다. 이러한 저에게 아버지는 친구들과 즐기라고 염소 한 마리 주신 적이 없습니다. 그런데 창녀들과 어울려 아버지의 가산을 들어먹은 저 아들이 오니까, 살진 송아지를 잡아 주시는군요."(루카 15,29-30)

그러자 아버지가 대답합니다.

"얘야, 너는 늘 나와 함께 있고 내 것이 다 네 것이다. 너의 저 아우는 죽었다가 다시 살아났고 내가 잃었다가 되찾았다. 그러니 즐기고 기뻐해야 한다."(루카 15,31-32)

이번 장의 초입에서 저는 큰아들 역시 탕자라고 말했습니다.

그는 무엇을 허비했습니까? 작은아들이 허비한 것과 같은 것을 그 역시 허비했습니다. 돈을 허비한 것은 물론 아닙니다. 하지만 그 역시 자신이 상속받을 유산을 허비했습니다. 두 아들 모두 진정한 유산을 이해하지도 못한 채 낭비해 버리고 말았습니다. 그것은 바로 그들이 아버지의 아들이라는 신분, 아버지와의 관계라는 보물입니다.

두 아들 모두 자기 자신에만 완전히 몰입되어 실제로는 아버지를 보지 못하고, 아버지가 원하시던 친밀한 사랑의 관계를 소중히 여기지 않습니다. 그들은 아버지에 대한 왜곡된 시선을 지니고 있습니다. 아버지를 멀리 떨어진 권위적 인물로 보고 그분의 사랑과 인정을 벌어들여야 한다고 여긴 것입니다.

작은아들은 자신이 모든 규칙들을 어겼기 때문에 자신이 더 이상 아들이라 불릴 '자격을 잃었다'고 느낍니다. 반면에 큰아들은 자신이 모든 규칙들을 지켰으므로 특별 대우를 받을 '자격을 땄다'고 느낍니다. 두 아들 모두 그들의 행위에 따라 아버지의 사랑이 달라진다고 잘못 생각하고 있습니다(그들은 아버지가 거꾸로 사랑하신다는 것을 배우지 못했습니다).

결국 중요한 것은 관계

아버지가 큰아들에게 한 응답을 다시 한 번 살펴봅시다. "애야, 너는 늘 나와 함께 있고 내 것이 다 네 것이다." 이 말은 예수님이 요르단 강에서 세례를 받으실 때 하느님 아버지께서 하신 말씀을 떠오르게 합니다. "너는 내가 사랑하는 아들, 내 마음에 드는 아들이다."(루카 3,22)

아버지는 아들이 '마음에 듭니다.' 무엇이 그렇게 마음에 드는 것일까요? 예수님은 훌륭한 일들을 많이 행하셨습니다. 멋진 가르침을 주셨고, 마귀를 쫓으셨고, 놀라운 기적을 일으키셨고, 셀수 없이 많은 사람들을 치유해 주셨고, 죽은 이를 다시 살리기까지 하셨습니다! 그러니 당연히 아버지께서 마음에 들어 하셨을 겁니다. 맞습니까?

틀렸습니다! 그때 예수님은 아직 이 일들을 시작도 하지 않으셨습니다. 예수님의 공생활이 이제 막 시작되려던 때였으니, 그분께서 실제로 어떤 일을 행하기 전이었습니다. 그럼 아버지께서는 무엇이 그렇게 마음에 드셨던 걸까요? 그 답은 그분이 말씀하신 첫 부분에 담겨 있습니다. "너는 내가 사랑하는 아들이다." 하느님 아버지께서 마음에 들어 하신 것은 바로 아들과 맺고 있는 사랑하는 관계입니다.

이것이 바로 비유 속 아버지가 두 아들에게 이해시키고자 애쓰는 사실입니다. 작은아들에게는 그의 귀환을 기뻐하고, 그의 나쁜 행실에도 상관없이 아버지로서 다정하게 대함으로써 이해를 돕고, 큰아들에게는 관계가 행위에 우선한다는 것을 가르침으로써 이해를 돕고 있는 것입니다. 이 이야기 속에서 관계가 반복되어 강조되고 있음에 주목하십시오. 작은아들은 아버지와의 관계를 잃었다고 생각합니다.

"아버지, …저는 아버지의 아들이라 불릴 자격이 없습니다."

아버지는 기쁨으로 답하며 관계를 재차 확인합니다.

"나의 이 아들은 죽었다가 다시 살아났다."

큰아들은 아버지와 아우 두 사람 모두와의 혈연관계를 거부하고 있는 듯 보입니다. 그는 아버지를 '아버지'라 부르지 않습니다.[38] 그리고 '아우'라는 말도 쓰지 않고 이렇게 말합니다.

"저 아들이 오니까…."

아버지는 참된 관계를 재차 확인함으로써 이를 부드럽게 바로잡습니다.

"애야, 너는 늘 나와 함께 있고… 너의 저 아우는 죽었다가…."

아버지는 분명히 두 아들의 행동 때문에 상처받았을 것입니다. 엄격한 정의의 관점에서라면 이야기와 매우 다르게 대응했을 수도 있습니다. 하지만 성 요한 바오로 2세 교황은 이렇게 밝히고 있습니다.

"그렇지만 문제의 탕자는 자기의 아들이며, 이 부자 사이의 관계

는 어떤 행동 때문에 달라지거나 끊어지지 않는 법입니다."(「자비로우신 하느님」 5항)

어떤 행동 때문에 끊어지지 않는다? 이 말은 아버지가 아들의 행실을 용납한다는 뜻일까요? 그 나쁜 행실이 그저 괜찮다는 것일까요? 그렇지 않습니다. 이 말의 뜻은 하느님 아버지께서는 절대 그분이 아버지라는 사실로부터 동떨어져 행동하지 않으신다는 것입니다. 그분은 여러분의 행동을 보십니다. 여러분의 행동은 그분에게 상처를 입힙니다. 하지만 그분은 여러분의 행동에 초점을 맞추지 않으십니다. 그렇다고 그분 자신에게 초점을 맞추시는 것도 아닙니다. 그분의 초점은 언제나 여러분에게 맞추어져 있고, 또한 그분의 사랑하는 아들딸로서 여러분과 맺기를 열망하시는 그 관계에 맞추어져 있습니다. 그분은 늘 여러분에게 최선인 것을 찾고 계십니다. 여러분의 죄는 그분에게 상처를 입힙니다. 그것이 여러분에게 상처를 입히기 때문입니다. 죄는 여러분을 그분으로부터 멀리 떨어뜨려 놓습니다.

하느님 아버지는 여러분의 행동이 문제가 아니라는 것을 알고 계십니다. 문제는 여러분의 마음에 있습니다. 모든 죄는 여러분 마음 안에 있는 것이 겉으로 드러난 것입니다. 여러분의 마음은 병들었고, 그분은 치유해 주길 원하십니다. 여러분의 마음이 낫

기만 하면 여러분의 행동 또한 올바르게 따라올 것임을 그분은 아십니다.

아버지인 제가 아이들이 이해하기를 바라는 것 한 가지가 있다면 바로 이것입니다. 아이들에 대한 저의 사랑이 무조건적이고 영원하다는 것, 어떠한 행동 때문에 아버지와 자녀 관계가 '달라지거나 끊어질' 수는 없다는 것, 아이들이 행동하거나 말할 수 있는 것들 가운데 저의 사랑을 바꾸어 놓을 수 있는 것은 아무것도 없다는 것을 제 아이들이 알게 되길 바랍니다.

하느님 자비의 진수

이 모두로부터 결국 우리가 취해야 할 것은 무엇일까요? 예수님께서는 우리가 무엇을 배우기를 바라시는 걸까요? 성 요한 바오로 2세 교황은 이 비유가 하느님 자비의 '진수'를 표현하고 있다'고 썼습니다. 이 비유는 "자비의 신비를 더 완전히 알 수 있게 하고… 하느님의 자비가 무엇에 있는지 정확하게 이해하게 합니다."(「자비로우신 하느님」, 5-6항 참조)

결국 전체 이야기의 중심은 자비로운 아버지입니다. 교황은 설명합니다. "아버지의 모습이 아버지이신 하느님을 보여 줌은 의심할 나위가 없습니다." 이야기 속 아버지는 "아버지 된 도리에 성실합니다. 언제나 아들에게 쏟아 오던 그 사랑에 끝까지 성실합니다." 이와 마찬가지로 "'우리 주 예수 그리스도의 아버지 하느님'께서는 이 사랑에 충실을 다 하시어, 인간과 맺으신 계약의 역사에서 참으로 극단적인 결과들을 내시기까지 하셨습니다. …비록 방탕한 사람이었지만 그 아들이 자기 아버지의 친아들임은 어쩔 수 없는 것입니다."(「자비로우신 하느님」, 6항: 13항)

성 바오로 사도가 지적하듯이 "우리는 성실하지 못해도 그분께서는 언제나 성실하시니 그러한 당신 자신을 부정하실 수 없기 때문입니다."(2티모 2,13) 이 성실함은 어떻게 표현됩니까? '자비로 변모되는' 사랑으로, 잃은 것 모두를 회복하길 추구하며 "정의의 엄밀한 규범을 능가하는"(「자비로우신 하느님」, 5항) 사랑으로 표현됩니다.

> "이 사랑은 모든 탕자에게 미칠 수 있고, 비참한 모든 인간에게 미칠 수 있으며, 무엇보다도 온갖 형태의 윤리적 비참, 곧 죄에 미칠 수 있습니다. 그 사랑이 미칠 때에 자비의 대상이 된 사람은 모멸감을 느끼는 것이 아니라 자신을 다시 찾았고 '가치를 되찾았다'는 느낌을 갖습니다."(「자비로우신 하느님」, 6항)

자비의 대상이 되는 사람은 모멸감을 느끼지 않습니다. 내가 누군가를 자비롭게 대하고 있다고 생각했으나 그것이 내가 그들에게 아량을 '베푼' 것처럼 되어 그들이 수치나 모멸감을 느끼게 된 때가 있었다면 하느님께서 저를 용서해 주시길 빕니다. 하느님은 절대 그런 식으로 자비를 펴지 않으십니다. 하느님께서 자비를 펴실 때 그 자비를 받는 이는 절대 모멸감을 느끼지 않고, 오히려 자신을 '다시 찾고 가치를 되찾았다'는 느낌을 갖습니다. 이것이 자비의 기능이자 효과입니다. 자비는 회복시킵니다!

성경의 요엘서에는 이에 대한 아름다운 약속이 들어 있습니다. 연이은 4년 동안 엄청난 풀벌레 무리에 온 들판이 황폐화되어 흉년이 들자 주님께서는 자비를 펼치시겠노라 약속하십니다.

"풀무치가 먹어 치운 그 여러 해를 갚아 주리라."(요엘 2,25)

하느님 아버지께서는 우리 삶 속으로 들어오길 원하십니다. 그분은 할 수 있는 한 어떻게든 우리 안으로 들어오셔서 우리가 그분께 우리 자신을 열고 그분께서 하고자 열망하시는 바를 하실 수 있게 허락하기를, 즉 풀무치 떼가 먹어치운 우리 삶의 '들판'을 회복시켜 주시도록 허락하기를 바라십니다. 그것이 그분이 원하시는 전부입니다. 아버지, 자녀, 사랑. 하느님은 그분의 모습대로, 우리를 그분의 자녀로 회복시키길 원하십니다. 그분은 우리를 다시 그분께로 데려오기를 원하십니다. 그분은 우리를 다시 집으로 데려오기를 원하십니다.

아버지 집을 향한 여정

잠시 다른 이야기를 해 볼까 합니다. 공립 고등학교에서 문학을 가르친 적이 있는데(인정하고 싶지 않을 만큼 오래전 일이긴 합니다), 그때 저는 되찾은 아들의 비유 이야기를 보통 단편 소설이라 알려진 문학 형식의 완벽한 예시로 가르칠 수 있었습니다. 여기서 문학에 관한 전문적인 내용을 자세히 다루지는 않겠지만, 이 비유는 정말 완벽하게 구성된 이야기입니다. 이야기의 모든 부분들이 함께 조화롭게 작용하여 특정한 관념 또는 주제를 제시하고 있습니다.

저는 이야기의 세 인물이 사용하는, 관계를 나타내는 단어들(아버지, 아들, 아우)의 상호 작용에 대해 이야기하면서 이미 이런 부분을 다루었습니다. 하지만 제가 가장 좋아하는 주제들 가운데 하나는 움직임을 나타내는 단어들을 이야기의 거듭되는 중심 초점으로 아버지와 아버지의 집에 관련짓는 것입니다.

이야기 초입에서 작은아들은 아버지의 집에서 나와 먼 고장으로 떠났습니다. 그리고 '제정신이 든' 그는 품팔이꾼 일이라도 하고자 아버지의 집으로 돌아갔습니다.

"'일어나 아버지께 가야지.' …그리하여 그는 일어나 아버지에게로 갔다."

아버지는 작은아들을 보았을 때 달려가 기쁨으로 맞아들였습니다. 들에 나가 있던 큰아들은 작은아들을 위한 환영 잔치가 열리고 있는 집 가까이 이르렀습니다. 하지만 아버지와 아우 두 사람 모두에게 화가 나서 들어가 잔치에 참여하기를 거부했습니다. 그래서 결국 아버지가 집에서 나와 큰아들을 타이릅니다.

우리가 앞서 본 것처럼 하느님은 '쫓아가시는' 하느님입니다. 하느님은 언제나 우리를 그분께 오라고 초대하시고 '사람을 찾아 나서십니다.' 우리는 그분에게서 왔습니다. 우리 삶은 모두 그분께로 돌아가는 여정입니다.

성 요한 바오로 2세 교황은 이렇게 썼습니다.

> "그리스도인의 모든 삶은 아버지의 집을 향한 큰 순례 여정과도 같습니다. 피조물인 모든 인간, 특별히 '방탕한 아들'에 대한 아버지의 조건 없는 사랑을 우리는 날마다 새롭게 발견합니다. 이 순례는 각 개인의 마음 안에서 일어나고… '하느님 아버지께 나아가는 여정'에 있다는 인식으로… 진정한 회개의 여정을 시작하도록 격려하여야 합니다."(제삼천년기, 49-50항)

진정한 회개. 실제적인 마음의 변화, 하느님을 향한 완전한 귀환. 어떻게 거기에 이를 수 있을까요?

사실 우리는 그곳에 이르고자 바로 지금 다 같이 노력하고 있습니다. 아버지의 자비를 발견함으로써, 혹은 재발견함으로써 우리는 그곳에 이르게 됩니다.

"하느님께 돌아가는 회개는 반드시 하느님의 자비를 발견하는 데서 이루어집니다. 곧 창조주시요 아버지께서만 보여 주실 수 있는 사랑, 오래 참고 친절한 사랑을 발견하는 데서 회개가 이루어집니다. 하느님께 돌아가는 회개는, 한없이 자비로우신 이 아버지를 '다시 알아 뵙는' 결실이기 마련입니다. 자비의 하느님, 자애로우신 사랑의 하느님에 대한 올바른 지식은 항구하고 끝없는 회개의 원천이 됩니다."(『자비로우신 하느님』, 13항)

이야기에 등장하는 아버지처럼 하느님 아버지께서는 "우리가 필요할 때마다 당신께 하소연하기를 언제나 기다리고 계시며, 우리가 당신의 신비, 성부와 그 사랑의 신비를 깊이 탐구하기를 언제나 기다리십니다."(『자비로우신 하느님』, 2항)
때때로 기다리시는 게 아닙니다. 우리가 그분께 하소연하기를 그분은 언제나 기다리고 계십니다. 그리고 우리가 정말 절박할 때 '큰일'이 있을 때만이 아니라, 필요할 '때마다' 하소연하기를 바라십니다. 우리는 언제나 그분의 자비를 누릴 수 있습니다.

제가 완벽한 아버지가 될 수 있기만 하다면 그것이야말로 제 아이들을 위해 제가 정말 원하는 것 아니겠습니까? 제가 언제나 그들 곁에 있고, 필요한 것이 있으면 무엇이든 저에게로 와서 이야기해 주기를 제가 언제나 기다리고 있음을 아이들이 알아주길 바라지 않겠습니까?

하느님은 바로 이런 아버지이십니다. 그분은 우리가 집으로 돌아오기를 언제나 기다리고 계시는 탕부이십니다. 우리를 위해 하느님 자비의 상본으로 모습을 보여 주신 자비로우신 아버지이십니다. 그분은 꿰찔린 예수님의 성심을 통하여 풍성한 자비를 후하게 쏟아부어 주십니다. 예수님의 성심은 모든 이들을 위한 끝없는 자비의 샘입니다.

여섯 번째 비밀
그때와 지금,
언제나 기도해야 합니다

영원한 생명은 시간의 한가운데,
우리가 하느님과 얼굴과 얼굴을 맞대는 곳이라면
어디에나 있습니다.[39]
– 베네딕토 16세 교황

앞 장은 자비를 받게 될 모든 이들을 위한 끝없는 샘으로서 자비를 쏟아부어 주시는 하느님 아버지의 모습으로 끝을 맺었습니다. 이번 장에서는 우리가 어떻게 하느님의 자비를 얻을 수 있는지, 보다 구체적으로는 파우스티나 성녀의 「일기」에 나오는 특정 기도와 신심 행위를 통해 그 자비를 어떻게 얻을 수 있는지 이야기하고자 합니다.

신심의 요소

이러한 기도와 신심 행위는 '신심의 요소' 또는 '자비의 그릇'이라고 불리기도 합니다. 여기에는 하느님 자비의 상본, 자비의 시간, 하느님의 자비를 비는 5단 기도, 하느님의 자비 축일, 하느님의 자비께 비는 9일 기도 등이 포함됩니다(파우스티나 성녀의 「일기」에서 성체성사와 고해성사가 특별히 강조되고 있으므로 저는 두 성사도 여기에 포함시킵니다).

왜 일련의 새로운 기도와 신심 행위가 필요할까요? 파우스티나 성녀에게 주신 가르침과 지시 사항을 보면 주님께서 그것을 중요하게 여기신다는 것은 분명합니다. 그리고 그것은 온 세상 사람들에게도 매우 중요합니다. 많은 이들이 삶 속에서 기도와 신심 행위를 통해 강력한 열매들을 경험하기 때문입니다. 무엇이 그렇게 중요한 걸까요? 그것을 그토록 특별하고 강력하게 만드는 것은 무엇일까요?

권능은 수난에 있습니다

그것은 물론 은총입니다. 모든 것이 은총에 달려 있습니다. 그러나 더욱 구체적으로 말하자면, 은총은 그리스도의 수난에 초점을 맞추는 데서 나옵니다. 우리가 곧 살펴보겠지만, 이 모든 요소는 우리가 수난의 신비를 상기하고 그 안으로 들어갈 수 있게 도와줍니다.

그리스도의 수난은 그토록 강력합니다! 예수님께서는 파우스티나 성녀에게 말씀하셨습니다.

"내 수난을 성실하게 묵상하는 영혼들에게 나는 크나큰 은총을 준다."(『일기』 737)

"일 년 동안 내내 피가 나도록 채찍질을 하는 것보다 한 시간 동안 나의 슬픈 수난을 묵상하는 것이 더 큰 공로가 된다."(『일기』 369)

또한 파우스티나는 이렇게 썼습니다.

"예수님께서는 내가 당신의 슬픈 수난을 묵상하는 것을 가장 기쁘게 생각하시고, 이 묵상을 통해서 내 영혼이 많은 빛을 받는다고 내게 말씀하셨다. …나는 전에는 알아듣지 못하던 많은 것들에 대해서 분명히 이해하게 된다."(『일기』 267)

수난에 대한 묵상이 그토록 강력한 이유는 무엇일까요? 예수님의 수난은 단지 과거에 묶여 있는 역사적 사건이 아니기 때문입니다. 「가톨릭 교회 교리서」에서는 그리스도의 수난, 죽음, 부활, 승천이 하나의 유일한 사건을 형성한다고 가르치고 있습니다. 이것이 바로 파스카 신비라는 것입니다. 이 사건은 절대 끝나지 않는 역사적 사건으로, 하나의 시간이나 장소에 제한되지 않고, 언제 어디에나 편재합니다.

"그리스도의 파스카 신비는 과거 안에만 머물 수 없는 것이다. …그리스도의 모든 것, 곧 모든 인간을 위하여 그분이 행하고 겪으신 모든 것들이 하느님의 영원성에 참여하고, 그럼으로써 그리스도께서 모든 시대를 초월하여 모든 시대에 현존하고 계시기 때문이다."(1085항)

그리스도께서 우리를 위하여 '행하고 겪으신' 모든 것들은(그리고 그분께서 우리를 위하여 성취하신 열매들은) 영원하며, 우리 삶의 모든 지금 이 순간에 우리에게 주어질 수 있습니다. 이 마지막 내용이 매우 중요하므로, 다음으로 넘어가기 전에 우선 시간에 대해 잠시 이야기하겠습니다.

하느님께 시간이란 없습니다

시간에 대해 언급하려니, 이번 장의 제목인 여섯 번째 비밀을 짚고 넘어가야겠습니다. 우리가 어떻게 그때와 지금 언제나 기도할 수 있을까요? 이것 역시 하나의 언어유희입니다. 저는 '그때와 지금'[40]이라는 말을 가끔이라는 의미로 사용하지 않았습니다. 제가 말하려는 것은 우리가 끊임없이 기도해야 하며(1테살 5,17 참조), 우리의 기도를 지금도(현재 이 순간), 그리고 그때에도(과거) 바쳐야 한다는 것입니다.

이게 대체 무슨 말일까요? 바로 '영원한 현재', 즉 우리와 달리 시간에 제한되지 않으시는 하느님 존재의 실제를 말합니다. 하느님은 시간의 연속 안에서 한 순간씩 사건을 경험하지 않으십니다. 그분은 과거를 기억하거나 미래를 예측하려고 애쓰실 필요가 없습니다.

아마도 시각적인 이미지로 설명하는 것이 여러분의 이해에 도움이 될 듯합니다. 시간의 연속선을 떠올려 보십시오. 시간의 시작점에서 시간의 끝점에 이르기까지, 과거에 일어났던 사건들과 앞으로 일어날 사건들을 모두 보여 주는 길고 긴 시간의 흐름을 상상해 보십시오.

이제 그 시간의 연속선 바깥에 계시면서 그 모든 사건들을 바라보고 계시는 하느님의 모습을 떠올려 보십시오. 하느님께는 그 모든 것이 한 번에, 과거와 현재와 미래가 동시에 보입니다. 하느님께는 모든 것이 바로 지금 존재합니다. 그분은 영원한 현재에 살고 계십니다.

그렇다면 그것이 여러분과 저에게 의미하는 것은 무엇일까요? 「가톨릭 교회 교리서」에 명료한 설명이 실려 있습니다.

"예수님께서는 당신의 일생, 고뇌와 수난 동안 우리들 모두와 각자를 알고 사랑하셨으며, 우리 하나하나를 위하여 자신을 내어

주셨다."(478항)

그리스도의 수난은 우리 모두와 각자를 위한 것이었습니다! 그리스도는 단지 인류를 위하여 죽지 않으셨습니다. 그분은 여러분 각자를 위하여 돌아가셨습니다. 그분은 2천 년 전 십자가 위에서 나를 보셨고, 사랑하셨으며, 내 모든 죄를 그분의 몸으로 끌어안고 나를 위하여 돌아가셨습니다.

구원받아야 할 사람이 오직 나 혼자밖에 없었다 하더라도 그분은 바로 나를 위하여 돌아가셨을 것입니다. 그분은 "단 한 번"(히브 10,10) 모두를 위하여, 모든 사람과 모든 죄에 대하여 돌아가셨습니다. 여러분이 아직 저지르지 않은 죄에 대해서도 그분은 그때 돌아가셨습니다.

성 요한 바오로 2세는 이에 대해 "신비로운 시간의 단일성"(『교회는 성체성사로 산다』, 5항)이라고 했습니다. 그때 그리스도께서 행하신 일이 지금 우리에게 영향을 끼칩니다. 그리고 지금 우리가 하는 일이 그때 그분께 영향을 끼쳤습니다.

자, 이제 이 모든 내용을 기억하면서 하느님 자비 신심의 요소들을 하나씩 살펴봅시다. 다만 여기서는 전체를 완전하게 설명하지는 않을 것입니다. 그렇게 하면 한 장이 아니라 여러 권의 책이 필요하기 때문입니다.

우선 하느님 자비 신심의 각 요소가 여러분이 그때와 지금 기도하게끔 어떻게 도움을 주는지, 그리고 각 요소들이 서로 어떻게 조화를 이루며, 우리가 이미 살펴본 진리들과 어떻게 어울리는지 보겠습니다.

샘이라는 은유

이 신심의 요소들이 '자비의 그릇'이라고 알려져 있다는 이야기는 이미 했습니다. 앞서 우리가 살펴보았듯이 쏟아부어 주시는 은총을 표현하고자 가장 자주 사용되는 은유는 샘입니다. 파우스티나 성녀의 「일기」 전체에서도 끊임없이 사용되는 은유입니다.

샘에서 물을 길어 올리려면 작은 잔이나 사발, 아니면 들통이나 커다란 대야처럼 물을 담을 그릇이 필요합니다. 그릇이 크면 클수록 더 많은 물을 길어 올릴 수 있습니다.

'자비의 그릇'은 모두 우리가 자비의 샘에서 은총을 길어 올리는 일을 가능하게 해 줍니다. 또한 여러 가지 '자비의 그릇' 사이에는 몇 가지 공통점도 있습니다. 그 그릇들은 모두 주님께 대한 우리의 의탁에 따라 좌우됩니다. 모두 성체성사를 향해 있으며, 그것을 반영합니다. 또한 아버지의 자비를 받게끔 우리를 열어 줍니다. 그리고 마치 시간으로부터 걸어 나와 영원 속으로 들어간 듯 그리스도의 수난에 참여하는 일을 가능하게 합니다.

의탁은 필수입니다

자비의 그릇 모두가 주님께 대한 우리의 의탁에 따라 좌우된다고 했습니다. 하지만 사실은 그 이상입니다. 어떤 의미에서는 의탁만이 유일한 그릇입니다. 우리가 이제 이야기하려고 하는 모든 기도와 신심 행위는 자비의 그릇이긴 하지만, 단지 우리의 의탁을 분명히 드러내 보인다는 차원에서 그러할 따름입니다.

> "내 자비의 은총은 다만 하나, 의탁이라는 그릇으로만 퍼낼 수 있다. 영혼들이 내게 의탁하면 할수록 그만큼 더 많이 받게 될 것이다."(『일기』, 1578)

자비의 메시지에서 가장 핵심이 되는 것이 바로 의탁입니다. 우리가 하는 모든 것, 우리가 드리는 모든 기도는 주님께 대한 의탁으로 북돋워져야 합니다.

하느님 자비의 상본

하느님 자비의 상본은 그리스도께서 의탁을 강조하신다는 것을 알려 주는 완벽한 본보기입니다. 그리스도께서는 파우스티나 성녀에게 이 상본이 은총의 그릇이라고 말씀하셨습니다. 하지만 그와 동시에 의탁이라는 서명을 그림에 넣을 것을 강조하셨습니다. 의탁이란 말 없이는 불완전한 것이 되었을 것입니다.

"나는 사람들에게 자비의 샘에 와서 계속 은총을 퍼 갈 수 있는 그릇을 주려고 한다. '예수님, 저는 주님께 의탁합니다.'라는 말이 새겨져 있는 이 성상화가 바로 그 그릇이다."(「일기」, 327)

이그나치 로지츠키 신부는 파우스티나 성녀에 대한 바티칸의 공식 조사 과정의 일환으로 성녀의 저술을 10년에 걸쳐 연구한 신학자입니다. 그는 그분의 자비에 "의탁하는 이들에게 상상할 수조차 없는 은총을 주겠다."는 그리스도의 약속이 "다른 무엇보다도" 하느님 자비의 상본에 대한 공경과 관련된다고 썼습니다. 그리고 덧붙여, 그리스도께서는 우리가 이 상본을 "확고히 의탁하며" 공경함으써 받을 수 있는 은총에 "어떠한 제한도" 두지 않으셨다고 했습니다.[41]

우리가 세 번째 비밀에서 보았듯이 이 상본은 시각적으로 완전하게 표현된 '하느님 자비의 신학'이며 파스카 신비의 강력한 이콘입니다. 이 상본을 더 많이 응시할수록 우리는 그 신비 속으로 더 많이 이끌리게 됩니다. 그것을 응시하는 것 자체가 그리스도의 수난을 묵상하는 것입니다.

우리는 시간을 거슬러 십자가 앞으로 옮겨집니다. 그곳에서 우리는 그분의 자비에 대한 '증거'를 봅니다. 그것은 그분께서 우리를 향한 사랑으로 견디셨던 고문, 우리의 죄 때문에 기꺼이 치르신 끔찍한 대가입니다. 우리는 감사와 의탁으로 그분께 응답하도록 이끌립니다.

우리의 죄가 가져온 결과, 우리의 죄가 그분의 고통을 가중시키는 현실을 대면하면서 우리의 마음을 돌려놓고 우리의 삶을 바로잡는 "회개의 눈물"을 경험하게 됩니다(『가톨릭 교회 교리서』, 1429항; 1431-1432항 참조).

여러분은 세 번째 비밀에 관한 장을 이미 읽었으니 이 상본의 전문가가 되어 있을 것입니다. 그러므로 여기서는 상본에 대해 앞으로 마음에 간직해야 할 것 두 가지만 이야기하고 넘어가도록 하겠습니다.

첫째, 하느님 자비 신심의 핵심으로서 이 상본은 앞으로 우리가 이야기할 다른 요소들 각각에 긴밀하게 연결되어 있습니다.

둘째, 아마 가장 중요한 것일 텐데, 우리가 성체성사의 "너울 너머"를 볼 수 있다면, 우리 눈에 보일 장면을 그린 것이 바로 이 상본이라는 것입니다(일곱 번째 비밀을 다루면서 이에 대해 더 살펴보겠습니다).

자비의 시간

파우스티나 성녀에게 내린 계시에서 그리스도께서는 매일 오후 시계가 3시를 알릴 때 우리가 하루 중 바쁜 지금에서 적어도 한순간을 떼어 내 그때 그 번민의 순간에 그분이 겪으신 수난과 죽음에 집중하기를 바란다고 분명하게 밝히셨습니다.

왜 그럴까요? "이 순간에 자비가 넓게 열려 있기"(『일기』, 1572) 때문입니다. 그 시간이 "온 세상을 위한 자비의 시간"(『일기』, 1320)이며, "자비가 정의를 이겨 낸"(『일기』, 1572) 시간이기 때문입니다. 구체적으로 그분께서 우리에게 하라고 말씀하신 것은 무엇일까요?

> "온 세상을 위해서 특히 불쌍한 죄인들을 위해서 자비의 전능하심에 호소하여라. 그분의 자비를 간청할 것."(『일기』, 1572)
>
> "나의 수난 속으로, 특히 죽음의 순간에 내가 버림받았던 그 고통 속으로 잠겨들어라."(『일기』, 1320)
>
> "나의 자비를 경배하고 찬양하며 나의 자비 속으로 잠겨들도록 하여라."(『일기』, 1572)

그분은 우리가 어떻게 이를 행하길 원하실까요? 그분은 우리에게 원하시는 바를 말씀하시지만, 그런 뒤에는 어떤 의미에서 우리에게 '자비를 베푸시고' 점점 더 적게 요구하십니다.

코시츠키 신부가 파우스티나 성녀의 일기에서 '역할을 뒤바꾸시는 하느님'이라고 언급하면서 이 부분을 얼마나 좋아했던지 생각할 때면 미소를 짓지 않을 수 없습니다. 코시츠키 신부는 이 대목에 이르면 언제나 소돔과 고모라가 멸망하기 직전에 아브라함과 하느님 사이에 오고간 그 유명한 거래를 떠올렸습니다.

의인들까지도 함께 멸망할 것을 염려한 아브라함은 의인이 50명만 있다면 두 도시를 멸하지 마시길 부탁드립니다. 하느님께서 이에 동의하시자 아브라함은 하느님과 '협상'하기 시작합니다. 그런 아브라함은 거의 거꾸로 된 경매인 같습니다.

"좋습니다. 45명은 어떻습니까, 주님? 45명만 있으면 괜찮으시겠습니까? …40명은 어떻습니까? 40이라고 하셨지요? …이제 30? …20? …10명은요, 주님? 의인 10명만 있으면 그들을 멸하지 않으시겠습니까?"(창세 18,16-32 참조)

그러나 자비의 시간에 우리가 어떻게 기도하기를 원하시는지 주님께서 파우스티나 성녀에게 말씀하셨을 때 성녀는 협상하지 않았습니다. 주님과 성녀의 대화를 개인적이고 현실적인 대화로 그려 보는 것이 도움이 될 것 같습니다. 그러니 다소 느슨하게 대화를 달리 표현해 보는 것을 이해하길 바랍니다(그리고 자유롭게 여러분 자신의 이름을 대입해 보기 바랍니다).

"좋다. 그럼 비니, 네가 오후 3시에 했으면 하고 내가 정말 원하는 것은 바로 십자가의 길을 돌며 기도하는 것이다. 그런데 그렇게 할 수 없다면, 적어도 잠깐 짬을 내 성당에 들어가서 잠시 거룩한 성체 속에 있는 내 자비로운 성심을 경배하렴. …그것도 할 수 없다면 아주 잠깐이라도 하던 일을 멈추고 기도 속에 잠겨 보렴."(『일기』 1572 참조)

우리가 그토록 적은 것을 드리더라도 하느님께서 기꺼이 받아들이시는 까닭은 무엇일까요? 파스카 신비는 결코 끝나지 않기 때문입니다. 그리스도는 영원히 영혼들을 위하여 아버지께 자신을 봉헌하고 계십니다. 그분은 모두에게 자비를 베푸시기를 원하십니다. 그리고 거창한 방식이든 소박한 방식이든 우리가 할 수 있는 대로 그러한 갈망을 함께 나누고, 우리 자신을 그분과 하나로 결합하기를 원하십니다.

자비의 시간에 최소한이라도 기꺼이 참여하려고 하는 이들, 잠시 시간의 흐름에서 걸어 나와 그분의 영원한 봉헌에 함께하려는 이들에게 그분께서는 약속하십니다.

"나는 네가 내 죽음의 슬픔 속으로 들어오도록 허락할 것이다. 나는 이 시간에, 내 수난의 공로를 통해서 나에게 청하는 사람들에게는 아무것도 거절하지 않을 것이다."(『일기』 1320)

"이 시간에 너 자신을 위해 그리고 다른 이들을 위해 청하는 모든 것을 너는 얻을 수 있다."(『일기』 1572)

하느님의 자비를 비는 5단 기도

하느님의 자비를 비는 5단 기도는 그리스도의 수난에 완전히 초점이 맞추어져 있기 때문에 대체로 오후 3시에 드리게 되었습니다. 많은 사람들이 실제로 이 묵주 기도를 오후 3시에 반드시 드려야 한다고 생각하는 듯합니다. 또한 오직 오후 3시에만 이 기도를 드려야 한다고 생각하는 사람들도 있는 것 같습니다.

두 가지 생각 모두 정확하지 않습니다. 이 묵주 기도를 3시에 바치는 것이 바람직하다는 것은 분명합니다. 하지만 주님께서 반드시 3시에 하라고 말씀하신 적은 없습니다. 그분께서는 이 묵주 기도를 늘 바치라고 하셨습니다. 파우스티나 성녀에게 이 묵주 기도를 "끊임없이" 바치고, 다른 영혼들 또한 이 기도를 바치도록 격려하라고 말씀하셨습니다(『일기』 687; 1541 참조).

그분은 성녀에게 이 묵주 기도에 대해 여러 차례 말씀하셨습니다. 특정한 지향을 가지고 이 기도를 드릴 구체적인 시간과 방법을 제시하신 경우도 많습니다.

9일 묵주 기도

파우스티나 성녀가 이 묵주 기도에 관한 말씀을 듣고 난 아침, 주님께서는 성당에 들어올 때마다 즉시 그 기도를 바치라고 말씀하셨습니다(『일기』 476 참조). 그런 다음 그 기도를 9일 동안 바치라고도 하셨습니다. 이후 다른 때에도 주님께서 이 9일 묵주 기도를 요청하신 일이 여러 차례 있었습니다. 한 번은 파우스티나 성녀에게, 장상 수녀에게 청하여 모든 수녀들이 이 9일 묵주 기도를 바치게 하라고 말씀하시기도 했습니다(714). 또 하느님의 자비 축일 전 9일 동안 바치라고 하신 일도 있었습니다(796).

"이 9일 기도를 통해서 나는 영혼들에게 가능한 모든 은총을 내려 주겠다."(『일기』 796)

주님께 지시를 받고 격려도 받은 파우스티나 성녀는 다양한 상황 속에서 여러 가지 지향을 가지고 묵주 기도를 계속해서 바치고 또 바쳤습니다. 성녀의 주된 지향은 늘 온 세상을 향한 자비였으나, 그밖에 다른 지향들도 있었습니다. 하느님께서 자비를 베풀어 벌을 내리지 마시고 참아 주시길 기도했습니다. 개별적인 죄인들의 회개를 위해서, 사제들을 위해서, 죽어 가는 이들을 위해서, 나를 위해서, 심지어는 기상 조건의 변화를 위해서도 기도했습니다.

 (주님께서 파우스티나 성녀에게 하느님 자비 축일을 준비하며 바치라고 하셨던 하느님의 자비께 드리는 9일 기도와 이 9일 묵주 기도를 혼동해서는 안 됩니다. 축일 전에 바치는 9일 기도에 대해서는 나중에 다시 다루겠습니다.)

사면의 권능

 파우스티나 성녀에게 묵주 기도를 전해 주신 그 순간부터, 주님께서는 이 기도를 의탁하는 마음으로 드리면 위대한 권능을 지니게 될 것이며 "상상을 초월하는 은총"(「일기」, 687)을 받게 되리라고 분명히 말씀하셨습니다.

 파우스티나 성녀는 「일기」(474 참조)에서 그 순간을 떠올리며 설명하고 있습니다. 그녀가 한 천사를 보았는데, 천사는 어떤 도시를 이제 막 파괴하려던 참이었습니다. 그녀는 세상이 회개할 것이니 잠시만 멈추어 달라고 천사에게 간청하기 시작했습니다. 하지만 자신의 기도가 "하느님의 분노 앞에선 아무것도 아니었음"을 깨달았습니다. 바로 그때 그녀는 "가장 존엄하신 삼위일체를 보았습니다." 그리고 "예수님의 은총의 힘"을 느꼈습니다. 그녀는 즉시 "하느님의 어좌 앞으로 들려 올라갔습니다."

 우와! 하느님께서 우리에게 강력한 기도를 계시하기로 결정하실 때는 최고의 할리우드 감독들도 그분보다 더 극적인 장면을 연출할 수가 없을 겁니다.

파우스티나 성녀는 다시 기도하기 시작했습니다. 하지만 이번에는 "내적으로 들을 수 있는 말로"(474) 하느님의 자비를 비는 5단 기도를 드렸습니다. 그러자 천사가 어쩔 줄 모르고 "죄인이 마땅히 받아야 할 정의의 벌을 내릴 수가 없었습니다."

"나는 이처럼 커다란 내적 힘을 가지고 기도를 했던 적이 전에는 한 번도 없었다."(「일기」, 474)

시간이 흐르면서, 그녀는 하느님의 자비를 비는 5단 기도가 즉각적인 결과를 불러일으킬 때가 있음을 깨달았습니다. 그렇지 않을 때에는 인내하며 계속 기도드려야 했을 것입니다. 하지만 하느님의 자비를 비는 5단 기도는 언제나 극히 강력했습니다.

날씨가 관련된 두 경우가 완벽한 예가 될 것입니다. 어느 날 밤, 끔찍한 폭풍에 놀라 잠에서 깬 파우스티나 성녀는 아무런 피해도 없기를 빌며 기도하기 시작했습니다. 주님께서는 그녀에게 폭풍이 멈추도록 하느님의 자비를 비는 5단 기도를 드리라고 말씀하셨습니다. 그녀는 이렇게 회상하고 있습니다.

"나는 즉시 5단 기도를 하기 시작했고, 기도를 채 끝내기도 전에 갑자기 폭풍이 그쳤다."(『일기』 1731)

또 한 번은, 가뭄이 들고 열기가 뜨거웠던 때였습니다. 파우스티나 성녀는 주님께서 비를 내려 주실 때까지 하느님의 자비를 비는 5단 기도를 드리기로 결심했습니다. 그녀는 이 기도를 세 시간 동안 쉬지 않고 바치고 있었습니다. "오후 늦게 하늘에 구름이 덮이더니 땅 위로 굵은 빗줄기가 쏟아졌다."(1128)

이 두 경우는 물론 기도 응답을 받은 다른 많은 경우들로부터 파우스티나 성녀는 "이 5단 기도가 하느님을 얼마나 기쁘게 해 드리며, 이 기도의 힘이 얼마나 센지도"(1791) 알게 되었습니다. "주님께서는 이 기도를 통해서 무엇이든지 다 얻을 수 있다는 것을 내게 가르쳐 주셨다."(1128)

하느님의 자비를 비는 5단 기도에 대해 주님께서 하신 약속

주님께서는 그분의 뜻에 따라 완전히 의탁하며 이 기도를 드리는 이들을 향해 몇 가지 매우 구체적인 약속들을 하셨습니다.

"오, 하느님의 자비를 비는 5단 기도를 바치는 영혼들에게 나는 크나큰 은총들을 베풀 것이다."(『일기』 848)

"하느님의 자비를 비는 이 5단 기도를 바치는 영혼들이 이 세상에서 사는 동안에, 그리고 특히 그들이 죽을 때에 내 자비가 그들을 품에 안아 줄 것이다."(『일기』, 754)

"돌처럼 굳어 버린 죄인들이 이 기도를 바치면 나는 그들의 영혼을 평화로 채워 줄 것이고 그들은 행복한 임종을 맞을 것이다."(『일기』, 1541)

"마음이 완고한 죄인이라도 이 기도를 한 번만 바치면, 그는 나의 무한한 자비로부터 은총을 받을 것이다."(『일기』, 687)

"죽어 가는 사람 앞에서 하느님의 자비를 비는 이 5단 기도를 바치면 나는 정의의 심판자로서가 아니라 자비의 구세주로서 나의 아버지와 죽어 가는 사람 사이에 설 것이라고 기록하여라."(『일기』, 1541)

"네가 청하는 것이 나의 뜻에 합치하기만 한다면, 하느님의 자비를 비는 5단 기도를 통해서 너는 무엇이나 다 얻을 수 있다."(『일기』, 1731)

주님께서 우리에게 이 기도를 주시고, 또 이 기도를 바치는 이에게 그토록 풍부한 은총을 약속하시는 까닭을 이해하기 위해 이 기도의 주요 부분 두 곳의 어휘들을 살펴봅시다.

"영원하신 아버지, 저는 저희가 지은 죄와 온 세상이 지은 죄를 속죄하기 위해서, 주님께서 지극히 사랑하시는 아드님, 우리 주 예수 그리스도의 몸과 피, 영혼과 신성을 주님께 바칩니다. 예수의 고통스러운 수난을 보시고, 저희와 온 세상에 자비를 베푸소서."(『일기』 476)

영원하신 아버지

영원하신 아버지. 이 묵주 기도는 아버지께 드리는 기도이며 봉헌입니다. 우리의 초점은 십자가 위에서 그리스도의 수난과 죽음에 맞추어집니다. 하지만 우리는 예수님 자신이 그렇게 하셨듯이("아버지, 저들을 용서해 주십시오. …아버지, 제 영을 아버지 손에….") 하느님 아버지께 이야기하고 있는 것입니다. 성 요한 바오로 2세 교황은 이렇게 썼습니다.

"십자가는 여전히 하느님 아버지에 대해 이야기하고 있습니다. 십자가는 인간에게 기우는 당신의 영원하신 사랑에 절대적으로 충실하신 하느님 아버지에 대한 이야기를 결코 그치지 않을 것입니다. '하느님께서는 세상을… 너무나 사랑하신 나머지 외아들을 내주시어…' 십자가에 달리신 아들을 믿는 것은 '아버지를 뵙는 것'입니다."(『자비로우신 하느님』 7항)

"그리스도께서는 아버지께 말씀하셨습니다. 당신께서는 아버지의 사랑을 사람들에게 설교해 오셨고, 당신의 모든 활동을 통해서 아버지의 자비를 증언하시고자 세상에 태어나시지 않았습니까? 그럼에도 그분께서는 십자가의 죽음이라는 처절한 고통을 면하시지 못하였습니다. '하느님께서는 죄를 모르시는 그리스도를 우리를 위하여 죄로 만드셨다.'(2코린 5,21)"(『자비로우신 하느님』 7항)

그분께서는 면하시지 못하였습니다. 사람들은 소리쳤습니다. "이자가 다른 이들을 구원하였으니, 정말 하느님의 메시아, 선택된 이라면 자신도 구원해 보라지."(루카 23,35) 아버지께 부탁드릴 수도 있었지만, 그분은 그렇게 하지 않으셨습니다. 십자가를 포용함으로써 그분은 우리를 대신하여, 우리 죄의 속죄로 자기 자신을 봉헌하십니다. 그리하여 아버지께 "온전한 정의를 이루어"(『자비로우신 하느님』 8항) 드리고, 아버지의 자비의 계획을 완전히 성취하십니다.

어떤 의미에서, 영원한 아버지와 완전한 합일을 이루시는 그리스도께서는 우리가 자비를 받을 수 있도록 스스로는 자비를 마다하시는 것입니다. 그분의 십자가와 부활을 통하여 우리는 "아버지께" 그리고 그분의 사랑을 향해 "나아가게 되었습니다." (에페 2,18)

"인간을 위해서 당신의 아들을 '아끼지 않으신'(로마 8,32) 아버지께서는 굳이 그리스도의 목숨을 살려 내지 않으셨습니다. 또 그리스도께서는 수난과 십자가의 고통 가운데서도 인간적인 자비를 입지 못하셨습니다. 그러한 그리스도께서 부활로써 당신에게 품고 계시는 아버지의 사랑, 당신을 통해서 만민에게 품고 계시는 사랑의 충만함을 계시하신 것입니다."(『자비로우신 하느님』, 8항)

지극히 사랑하시는 당신 아드님
우리 주 예수 그리스도의 몸과 피, 영혼과 신성을 바치나이다

몸과 피, 영혼과 신성. 이런 말을 이전에 들어본 적이 있습니까? 트리엔트 공의회에서 내린 성체성사의 정의에 나오는 말입니다. 또한 파티마에 나타난 천사가 성체 앞에 절하며 했던 말이기도 합니다.

코시츠키 신부가 표현했듯이, 하느님의 자비를 비는 5단 기도는 '성체성사를 각 순간으로 확장한 것, 즉 아주 짧은 미사'와 같습니다. 우리는 그리스도 자신을, 그분의 인성 전체를 그분의 신성과 함께 봉헌하고 있는 것입니다.

이 봉헌을 통해 우리는 2천 년 전 십자가에서 바치신 그리스도의 희생 제사에, 지금 전 세계 모든 감실에 있는 그분의 성체성사적 현존에, 그리고 천국에 계신 그분의 영원한 현존에 우리 자신을 동시에 결합합니다. 그분은 모두를 위해서 단 한 번 드렸던 희생 제사를 천국에서 영속적으로 아버지께 바치고 계십니다.

이중 봉헌

하느님의 자비를 비는 5단 기도를 통해 우리가 드리는 봉헌을 완전히 이해하고자 한다면, 미사 중에 우리가 행하는 것을 살펴보면 도움이 됩니다. 미사를 드릴 때마다 여러분과 저는 이중 봉헌을 하도록 불림을 받습니다. 사제와 함께 그리스도(희생 제사의 희생 제물)를 봉헌하고, 그와 동시에 그리스도를 통하여 우리 자신을 봉헌하는 것입니다.

제2차 바티칸 공의회의 가르침대로 우리는 미사에 참석하되 "국외자나 말 없는 구경꾼처럼" 참석해서는 안 되고, "예식과 기도를 통하여 이 신비를 잘 이해하고 거룩한 행위에 의식적으로 경건하게 능동적으로 참여하도록 깊은 관심과 배려를 기울인다. …사제의 손을 통해서… 흠 없는 제물을 봉헌하면서… 중개자이신 그리스도로 말미암아" 우리 자신을 봉헌해야 한다(「전례 헌장」, 48항).

우리가 아니라 내가, 나를 위해서가 아니라 우리를 위해서

"영원하신 아버지, 저는… 바칩니다." 때때로 사람들이 이 기도를 함께 바치면서 '나'(저)를 '우리'(저희)로 바꾸곤 합니다. 하지만 이것은 이 기도를 부분적으로 부정하는 것입니다. 이를 기억하는 데 도움이 되도록 운율이 느껴지도록 말을 만들어 보았습니다. 우리가 아니라 내가, 나를 위해서가 아니라 우리를 위해서.

여러분 각자는 자신을 예수님께 봉헌할 수 있습니다. 그리고 자신을 그분과 그분의 봉헌에 결합하여 하나가 될 수 있습니다. 하지만 여러분이 저를 대신하여 그렇게 할 수는 없습니다. 저는 저 스스로 그렇게 하기를 선택해야 합니다. 여러분이 '제 것'을 봉헌할 수는 없습니다.

몇 가지 비슷한 예를 들어 보겠습니다. '예수님, 저는 당신께 의탁합니다.'라고 할 때 제가 그분께 의탁하겠다는 약속을 여러분이 하실 수는 없습니다. 그건 오직 저만이 할 수 있는 결정이자 약속입니다. 부활절에 하는 세례 서약 갱신 예식에서 우리는 다시 약속할 것을 요청받습니다. "여러분은 마귀를 끊어 버립니까?" 우리 모두 함께 "네, 우리는 끊어 버립니다."라고 응답하지 않습니다. 우리 각자가 "네, 저는 끊어 버립니다."라고 대답합니다.

마찬가지로, 우리가 하느님의 자비를 비는 5단 기도를 할 때에도 우리 각자가, 즉 우리가 아닌 내가 개인적이고 인격적인 봉헌을 하는 것입니다.

그러나 내가, 나 자신이 봉헌을 하더라도 나 자신을 위해 봉헌하는 것은 아닙니다. 나는 나를 위해 봉헌하는 것이 아니라 우리를 위해 합니다.

십자가 위에서 그리스도가 바치는 봉헌 또한 그분 자신을 위한 것이 아니었습니다. 그것은 "단 한 번" 모두를 위하여, 모든 죄와 모든 사람을 위하여 바치는 것이었습니다(히브 10,10). 그러므로 내가 나 자신을 그분의 봉헌에 결합하여 하나가 될 때에도 그것은 이기적인 봉헌이 아닙니다. 그것은 내가 '우리의 죄를 위한 속죄로'(내 죄와 내가 사랑하는 이들, 나와 함께하는 이들, 내가 그들을 위해 기도드리는 이들의 죄를 위한 속죄로) 예수님과 함께 드리는 봉헌입니다.

그런 나는 이 봉헌을 확장하여 다른 모든 이, 즉 '온 세상'을 포함시키게 됩니다. 그 뒤에 이어서 자비를 청할 때에도 마찬가지입니다. "저희와 온 세상에 자비를 베푸소서."

이 기도는 절대 이기적인 기도가 되어서는 안 됩니다. 물론 우리는 우리 자신의 개인적인 지향들을 포함시킬 수도 있습니다. 우리는 이미 파우스티나 성녀가 여러 다양한 지향을 위해, 심지어 날씨 때문에 이 기도를 드렸다는 걸 보았습니다. 하지만 주된 지향은 언제나 그리스도의 주된 지향과 같아야 하며, "모든 사람에게 자비를 베푸시려는"(로마 11,32) 하느님의 계획과(그리고 커다란 갈망과) 일치를 이루어야 합니다. 우리 가운데 하나라도 잃는 것은 아버지의 계획에 들어 있지 않습니다(마태 18,14 참조).

보속하는 마음으로…

그런데 나는 어떻게 그리스도를 봉헌할 수 있을까요? 그리스도의 희생 제사를 아버지께 바칠 수 있다고 여기는 나는 누구입니까? 내 자신의 봉헌을 그분의 봉헌에 결합하는 것에 어떤 실제적인 가치가 있다고 생각하는 나는 누구입니까? 내가 어떻게 그분의 완벽한 봉헌에 무언가를 더할 수 있을까요?

이 질문에 대한 답은 속죄 또는 보속[42]이라는 말의 의미를 이해하는 것과 관련되어 있습니다. 하느님의 자비를 비는 5단 기도에서 쓰인 구절은 성 요한 사도의 가르침을 그대로 반영하고 있습니다. "그분은 우리 죄를 위한 속죄 제물이십니다. 우리 죄만이 아니라 온 세상의 죄를 위한 속죄 제물이십니다."(1요한 2,2)

이 희생 제사는 그리스도에게 강요된 것이 아닙니다. 그리고 그분은 마지못해 억지로 속죄 제물이 되신 것이 아닙니다. 이는 단지 그분께서 우리의 죄로 인해 벌어진 일들을 '벌충했다'거나 '보상했다'는 의미가 아닙니다. 그분께서는 아버지와 완전히 하나 된 가운데 속죄 제물이 되셨으며, "하느님께서는 그리스도 안에서 세상을 당신과 화해하게(다시 하나 되게) 하십니다."(2코린 5,19) 그리스도의 '속죄'atonement는 아버지와 '하나 되는 것'at-onement입니다.

하느님의 자비를 비는 5단 기도를 통하여 그리스도께서 아버지께 하신 완전한 '네'에 우리 또한 완전하게 '네'라고 말하게 됩니다. 그분의 봉헌 속에서, 그분의 아버지와 '하나 됨' 안에서 우리 또한 우리 자신 또한 그분과 하나가 됩니다. 또한 결국 우리 존재의 한 부분을 이루는 모든 괴로움, 약함, 문제, 근심 등을 모아 그리스도의 완벽한 봉헌과 하나를 이루어 아버지 하느님께 봉헌합니다.

그리스도와 연대

이러한 점에서 우리에게 가장 훌륭한 본보기가 되는 분은 물론 성모님입니다. 십자가 아래 서 계시면서 그분은 그리스도와 충실한 연대를 이루며 자신을 봉헌하셨습니다. 성모님은 그리스도의 수난을 너무도 완전하게 공유하셨기에, 시메온이 예언하였듯이 성모님의 성심 또한 꿰찔렸습니다(루카 2,35 참조). 고문당하고 죽어 가는 아들의 모습을 바라보며 어머니의 마음은 너무나 아팠겠지만, 그럼에도 성모님은 스스로를 비워 내며 아버지께 '네'라고 응답하는 그리스도와 기꺼이 함께했습니다.

"복되신 동정녀께서도… 십자가에 이르기까지 아드님과 당신의 결합을 충실히 견지하셨다. 거기에 하느님의 계획대로 서 계시어, 성모님께서는 당신 외아드님과 함께 극도의 고통을 겪으시며 당신에게서 나신 희생 제물에 사랑으로 일치하시어 아드님의 희생 제사에 어머니의 마음으로 자신을 결합시키셨다."(교회 헌장, 58항)

우리 영혼을 향한 하느님의 갈망

그리스도의 봉헌과 우리의 봉헌이 이렇게 결합하여 하나를 이룰 때 우리는 그분의 영혼을 향한 갈망을 짊어지게 됩니다. 이 갈망은 하느님 아버지께서 그토록 사랑하시며 창조하신 자녀들을 그분의 품으로 되돌리고자 하시는 마음입니다.

이 하느님의 자비를 비는 5단 기도를 봉헌할 때 우리가 이 세상 모든 영혼들을 짊어지게 된다는 사실을 깨달아야 합니다. 우리 또한 그들을 우리의 품으로 모아들이는 것입니다. 그리스도가 하셨던 것처럼 우리 또한 그들의 구원을 갈망하는 것입니다.

그리스도께서는 파우스티나 성녀에게 그녀의 고통을 그분의 고통에 참여시킴으로써 영혼 구원을 도우라고 요청하셨습니다.

미사 시간에 크나큰 고뇌 중에 십자가 위에 못 박히신 주 예수님을 보았다. 그분의 성심으로부터 가느다란 신음 소리가 새어 나왔다. 그리고 얼마 후, 그분께서 말씀하셨다. "**목마르다. 나는 영혼들의 구원 때문에 목이 마르다. 내 딸아, 나를 도와서 영혼들을 구해 다오. 너의 고통을 내 고난에 합치시키고, 그것을 죄인들을 위해서 하늘에 계신 아버지께 봉헌해 다오.**"(『일기』, 1032)

파우스티나 성녀는 이 말씀에 완전하게 응답하였고, 그리하여 본질적으로 살아 있는 하느님의 자비를 비는 5단 기도가 되었습니다.

"나의 사명은 세상을 위해서 자비를 끊임없이 계속 간청하는 것이다. 나는 세상을 위한 속죄의 희생 제물로서, 나 자신을 예수님과 밀접히 일치시키고, 하느님 앞에 서 있다. 내가 하느님께 당신 아드님의 목소리로 간청하는 것이면, 그분은 아무것도 거절하지 않으실 것이다. 나의 희생은 그 자체로서는 아무것도 아니지만, 예수 그리스도의 희생에 합치시키면, 전능한 힘을 가지게 되고, 하느님의 분노를 가라앉히는 능력을 갖게 된다."(『일기』, 482)

십자가, 상본, 감실

제가 하느님의 자비를 비는 5단 기도를 드리기 가장 좋아하는 장소는 성체 조배실입니다. 하지만 그곳에서 기도할 수 없을 때는 성체 안에 현존하시는 주님께 나 자신을 일치시키고, 마음으로 십자가와 하느님 자비의 상본과 감실을 응시합니다. 이들 각각에서는 자비의 빛줄기가 흘러나오는데, 그 모습이 마치 삼중 노출된 사진 같습니다. 제게는 이 모두가 하나입니다.

혼자 기도할 때는 잠시 멈추어, 그러한 정신적 이미지들과 함께 떠오르는 몇 가지 '생각 낱말들'을 덧붙이곤 합니다(꼭 이렇게 해야 한다는 뜻은 아닙니다. 다만 도움이 되는 묵상 방법의 한 예를 들고 있을 따름입니다).

"영원하신 아버지, 저는 저희가 지은 죄와 온 세상이 지은 죄를 속죄하기 위해서, 주님께서 지극히 사랑하시는 아드님, 우리 주 예수 그리스도의 몸과 피, 영혼과 신성을 (그때 십자가 위에서, 그리고 지금 세상의 모든 감실에서) 주님께 바칩니다."(『일기』 476 참조)

아무튼 이렇게 기도하는 것이 제게는 모든 것을 하나로 묶어 주며, 저의 봉헌이 더욱 진정한 봉헌이 되도록 도와줍니다.

예수님의 수난을 보시고

처음 하느님의 자비를 비는 5단 기도를 접하게 되었을 때 저는 이 구절을 '이해'할 수 없었습니다. 그 의미는 무엇이었을까요? 그리스도의 수난 때문에 그분의 수난이라는 공덕에 근거해서 내가 하느님께 자비를 구하고 있다는 것일까요? 그렇지 않으면 그분 아드님의 체면을 생각해서 우리에게 자비를 베풀어 달라고 청하고 있는 것일까요?

로지츠키 신부는 "우리의 죄 때문에 예수님께서 제공한 배상"[43]에 호소하는 것이 아니라, 우리를 향한 아버지와 아드님의 자비로운 사랑에 호소하는 것이라고 설명합니다. "그 사랑은 예수님의 수난에서 가장 잘 드러났습니다. 달리 말해, 우리는 하느님께서 우리의 기도를 들으시도록 가장 강력한 동기에 기대는 것입니다."

로지츠키 신부는 이어서 이렇게 말합니다. 우리가 진정으로 기도하는 것은 "그토록 많은 역경, 그토록 많은 고통이 헛되지 않기를 바라는 것입니다. …첼라노의 토마스가 '디에스 이레'[44]에서 표현한 것과 같은 생각입니다."

나를 찾아 수난하며
십자가로 구하시니
이런 수고 헛될 수야.

이 구절을 읽을 때 마침내 저는 모든 것이 이해되었습니다. 감동을 받아 눈물을 흘렸습니다. 이제 제 입으로 "예수님의 수난을 보시고…"라고 기도할 때는 언제나 마음으로 기도합니다. "아버지, 제발… 그분의 수난이 헛되지 않게 하소서!"

삶과 죽음의 문제

다음 이야기로 넘어가기 전에, 하느님의 자비를 비는 5단 기도가 예외적일 만큼 강력한 중재 기도가 되는 두 가지 구체적인 지향에 대해 간단하게나마 언급하려고 합니다. 하나는 아직 태어나지 않은 아이들을 위한 지향이며 다른 하나는 죽어 가는 이들을 위한 지향입니다.

한 도시를 파괴하려 했으나 파우스티나 성녀가 하느님의 자비를 비는 5단 기도를 시작하자 그렇게 할 수 없게 된 복수의 천사를 기억하지요? 성녀는 그 도시나 그 도시 사람들의 죄를 「일기」에서 구체적으로 밝히지는 않았습니다. 하지만 성녀의 영적 지도자였던 복자 소포츠코 신부는 그 도시가 바르샤바였으며, 그 죄는 낙태였다고 나중에 밝혔습니다.

파우스티나 성녀는 「일기」에서 "나는 세 시간 동안이나 심한 통증으로 몸부림을 쳤다. 사악한 어머니의 배 속에서 살해된 영혼들을 위해서 하느님께 보속을 바치도록 이런 고통을 허락하셨다는 것을 깨닫도록 해 주셨다. 이런 고통은 벌써 세 번째였다."고 기록하고 있습니다. 그녀는 순종하며 이 고통을 받아들였습니다. "이런 고통을 당함으로써 단 하나의 영혼이라도 살해되는 것을 막을 수 있을 것이다."(1276)

이러한 이유로 하느님의 자비를 비는 5단 기도는 생명을 위한, 태아를 위한 기도가 되었으며, 아울러 낙태를 했거나 하려는 이들을 위한 기도가 되었습니다. 낙태를 시행하는 병원 밖에서 기도하며 농성할 때 이 기도를 바치는 경우가 많습니다.

또한 이 기도는 죽어 가는 이들을 위한 기도로도 널리 알려졌고 그렇게 쓰여 왔습니다. 파우스티나 성녀 자신이 그 본보기이기 때문이기도 하며, 주님께서 분명히 그것을 원하셨기 때문이기도 합니다.

> "하느님의 자비를 비는 5단 기도를 바치는 영혼들이 임종할 때, 나는 그 영혼들이 마치 나 자신의 영광인 양 보호한다. 또한 다른 사람이 임종하는 사람을 위해서 기도할 때에도 똑같은 은혜를 베푼다."(『일기』 811)

> "죽어 가는 사람 앞에서 하느님의 자비를 비는 이 5단 기도를 바친다면 나는 정의의 심판자로서가 아니라 자비의 구세주로서 나

의 아버지와 죽어 가는 사람 사이에 설 것이다."(『일기』 1541)

지난 2000년에 성 요한 바오로 2세 교황은 병든 이와 죽어 가는 이를 위하여 성체 조배 때 이 기도를 바치는 모든 이들에게 특별한 교황 강복[45]을 전함으로써, 이 기도의 가치를 인정하고 확인했습니다.

하느님의 자비 축일

이제는 '하느님의 자비 주일' 또는 간단히 '자비 주일'이라고도 알려져 있는 하느님의 자비 축일에 대해 이야기하면서 세세한 부분까지 모두 다룰 필요는 없을 것 같습니다. 이미 이 축일에 대한 자료들이 많고, 상당한 양의 이용 가능한 정보가 준비되어 있습니다.

여기서는 간단하게 기본적인 내용만을 요약해서 제시할 것입니다. 그러나 중요하다고 생각되는데도 매년 이 축일 행사에 참여하는 이들조차 잘 알지 못하는 몇 가지 사항들에 대해서는 함께 나누고자 합니다. 우선 축일에 관한 기본 사실부터 짚어 보겠습니다.

† 파우스티나 성녀가 이 축일을 '창안'한 것이 아닙니다. 그리스

도께서 여러 차례 반복해서 이 축일을 강조하셨습니다. 「일기」
를 보면, 예수님은 이 축일을 열네 번이나 언급하십니다.

† 이 축일은 부활 제2주일에 기념됩니다(2000년 성 요한 바오로 2세
교황은 축일의 이름을 '하느님의 자비 주일'이라고 다시 명명했습니다).

† 하느님 자비의 상본은 강복을 받고 공개적으로 공경받아야 합
니다.

† 이날 강론은 하느님의 자비에 관한 것이어야 합니다. 특히 아
버지께서 그리스도의 "인간적 마음, 무엇보다도 그분의 수난
을 통하여 입증된 그 마음을 통하여" 우리 위에 쏟아부어 주
시는 "상상할 수조차 없는 자비"[46]에 대해 설교해야 합니다.

† 이 축일을 기념할 때는 반드시 말과 행동과 기도로 하는, 다른
이들을 위한 자비의 실천이 포함되어야 합니다.

† 이날 우리가 받는 은총은 우리가 예수님께 의탁하는 정도에
정비례합니다(다른 모든 날들과 마찬가지로).

† 이날을 위해 예수님께서 약속하신 은총을 온전히 받으려면 고
해성사를 통해 우리 죄를 신실하게 참회하고 은총의 상태에
있어야 합니다. 그리하여 바로 이날 자격을 갖추고 성체를 영
해야 합니다.

† 이 축일은 온 세상이 그리스도께서 다시 오실 날을 대비하게
하는 날입니다. 그날은 죄인들에게는 "구원의 마지막 희망"

이요, "심판의 날"에 앞서는 "자비의 날"입니다(『일기』, 429, 965, 1588 참조).

† 이 축일이 오기 전 9일 기도를 드려야 합니다(이미 보았듯이, 여기서 9일 기도란 하느님의 자비를 비는 5단 기도를 9일 동안 드리는 것을 말합니다. 하지만 파우스티나 성녀에게 주어진 특별한 9일 기도, 즉 하느님의 자비께 드리는 9일 기도를 해도 됩니다. 이 기도는 뒤에서 다룰 것입니다).

아낌없는 아버지, 탕부蕩父의 축일

자, 다 됐습니다(하지만 기억하십시오. 이건 다만 요약일 뿐입니다. 이에 대해 더 찾아볼 수 있는 정보가 훨씬 더 많이 있습니다). 이제 이 모든 것의 핵심 사항으로 넘어가도 되겠습니다.

앞서 탕자와 탕부의 이야기를 하면서 다루었던 아낌없이 준다는 말로 돌아가 봅시다. 제게 자비 축일은 다른 무엇보다도 '탕부의 축일'입니다. 이날은 아버지께서 아드님의 수난을 보아 맺힌 모든 것을 푸시고, 바다 같은 자비의 수문을 활짝 열어 그리스도의 희생 제사가 맺은 열매들을 모두에게 쏟아부어 주시는 날입니다.

자비 축일은 은총을 아낌없이 주고, 모두를 위한 피신처를 마련하시는 하느님 아버지를 기리는 날입니다. 하느님 아버지는 그분께로 돌아올 마지막 기회를 주시어 그리스도의 모든 고통이

헛된 것이 되지 않고 모두를 위한 아버지의 자비 계획이 완전히 성취되도록 하실 것입니다.

마법 지팡이는 아닙니다

주님께서는 자비 주일에 고해성사를 하고 성체를 영한 사람 누구에게나 완전히 죄와 벌을 면하여 주신다는 놀라운 은총을 약속하셨습니다. 그런데 많은 이들이 이 은총을 받는 데만 관심을 두고, 마치 이 요구 사항들을 외적으로 준수하는 것만이 중요한 일인 듯 몇 시간 동안 줄을 서서 고해성사를 하고 확실하게 영성체를 하려고 합니다.

물론 그것은 커다란 약속입니다. 하지만 마법 지팡이는 아닙니다! 언제나 우리는 우리 마음과 정신에서 일어나고 있는 것에 준하여 은총을 받습니다. 우리는 자비 주일을 마음으로 준비해야 합니다! 우리가 성사를 받는 동기가 단지 우리 자신을 위해 무언가를 '얻고자' 하는 것, 약속된 특별한 은총을 '얻고자' 하는 것이어서는 절대 안 됩니다. 우리의 동기는 우리 자신을 주님께 보다 완전하게 '드리고자' 하는 것이어야 합니다. 우리 자신이 참된 참회와 참된 의탁, 그리고 우리 삶의 변화에 대한 참된 개방성을 통해 합당하게 이 은총들을 받을 수 있도록 준비하고자 하는 것이어야 합니다.

파우스티나 성녀가 있던 폴란드 크라쿠프 대교구의 대주교 마하르스키Franciszek Macharski 추기경은 사순 시기에 이런 준비 과정이 진행되어야 하며, 자비 주일까지 고해성사를 미루어서는 안 된다고 강조했습니다. 반드시 자비 주일 당일에 고해성사를 보러 가야 하는 것은 아닙니다. 주님께서 약속하신 특별한 은총을 받으려면 단지 고해성사를 통해 은총의 상태에 있으면서 자비 주일 당일에 하느님의 자비에 온전히 의탁하며 합당하게 성체를 영하기만 하면 됩니다.

파우스티나 성녀도 자비 주일이 아니라 그 하루 전날 고해성사를 보러 갔습니다(『일기』, 1072 참조). 또한 마하르스키 추기경은 사람들에게 성주간 전에 고해성사를 보러 가라고 촉구합니다. 그렇게 함으로써 성삼일과 부활 대축일과 자비 주일에 은총의 상태에 머물러 있으라고 하는 것입니다.

로버트 스택폴 박사는 이렇게 설명합니다.

"참회하지 않은 죄만이 이 훌륭한 축일에 그리스도께서 우리의 영혼을 깊이 치유하시고 거룩하게 만드시는 일을 가로막는 유일한 장애물입니다. 바로 그렇기 때문에 이 축일 전에 날짜를 세면서 언제 고해성사를 받아야 하는지에 대한 최소한의 필수 요구 조건을 지키려고 애쓰지 않는 것이 최선이라고 하는 것입니다. 오히려 마음의 일람표를 만드십시오. 여러분 마음에 예수님을 향한 여러분의 사랑과 여러분을 향한 그분의 사랑을 방해하는 것이 있다면(여전히 남아 있는 원한, 절망, 의심, 하지 못한 말, 심각할 정도로 게을리한 의무 등 무엇이든) 이 축일이야말로 '영혼의 새봄맞이 대청소' 시간이 될 것입니다. 성실하게 고해성사를 하고 은총의 도움을 받아 여러분의 영혼을 깨끗하고 열려 있는 상태로 유지하고자 최선을 다하십시오. 그리하여 부활 첫째 주일과 둘째 주일 거룩한 영성체 때 우리 구원자를 받아들일 준비가 되어 있어야 합니다."[47]

왜 성체성사와 고해성사를 받아야 합니까?

우리가 이 '새봄맞이 대청소'를 경험하면서, 주님께서는 왜 이 축일의 특별한 은총들이 성체성사와 고해성사를 합당하게 받을 것을 조건으로 주어지게 하셨는지, 그 까닭을 생각하게 되는 것도 당연합니다.

주님께서는 여기에서(파우스티나 성녀의 「일기」 전체에 걸쳐 그러하신 것처럼) 이 두 성사가 어떤 특별한 방식으로 자비의 성사가 된다는 것, 그리고 서로 긴밀하게 연결되어 있다는 것을 강조하고 계신 것이 분명해 보입니다. 두 성사를 받는 것은(어느 때나 그렇지만, 특히 자비 주일을 지키면서 받을 때는) 생명의 샘, 자비의 샘을 받는 것입니다.

두 성사를 서로 연결하는 것들 가운데 하나는, 두 성사 모두 영원한 현재에서 그리스도의 수난과 관련되어 있다는 점입니다. 이 두 성사를 통해 꿰찔린 그분 심장으로부터 솟아나는 모든 자비의 은총이 우리 삶의 모든 지금 순간에 우리에게 내려올 수 있게 됩니다.

어느 성당에서나 어느 시간에나 성체성사를 받고자 통로를 걸어갈 때면 언제나 십자가 아래 성모 마리아와 사도 요한 곁에 서 있는 것입니다. 그리고 예수님의 심장에서 피와 물이 여러분에게로 쏟아져 내리고 있습니다. 성 요한 바오로 2세 교황의 가르침처럼 '시간의 단일성'을 통하여 그리스도의 희생 제사의 모든 열매는 '성체성사 안에서 영원히 집약되고' 지금 그것을 받게 되는 여러분에게 적용됩니다(「교회는 성체성사로 산다」, 5항; 12항 참조).

똑같은 일이 고해성사에서도 일어납니다. 시간과 공간은 사라지고, 여러분은 골고타 언덕에 있습니다. 그리스도께서는 지금 고해소 안에서 여러분을 용서하고 계신 것이 아닙니다. 그분은 이미 2천 년 전에 여러분을 용서하셨습니다. 다만 여러분은 지금 그 용서를 받고 있는 것뿐입니다. 주님께서는 파우스티나 성녀에게 이렇게 계시하셨습니다.

"네가 이 자비의 샘인 고해성사를 보러 갈 때는 언제나 나의 성심에서부터 피와 물이 네 영혼에게로 흘러나와 네 영혼을 고귀하게 만들어 준다."(일기, 1602)

여기에 관련된 내용은 훨씬 더 많이 있습니다. 여기서는 다만 여러분이 이 두 성사를 받는 데 영원한 지금이 어떻게 적용되는지를 간단히 감지할 수 있도록 표면적으로 요약하여 제시했을 뿐입니다.

이 축일의 은총에는 끝이 없습니다.

이 축일에 하느님께서 우리에게 주시는, 죄와 벌을 완전히 용서받는 특별한 은총은 그것만으로도 훌륭하지만, 그것만이 하느님께서 주시고자 하시는 은총은 아닙니다. 때로 우리는 너무 적게 기대합니다. 너무 적게 청합니다. 하느님은 은총을 아낌없이 주시길 원하십니다. 그분이 이 축일에 우리에게 주시고자 하는 은총에는 끝이 없습니다. 로지츠키 신부는 이렇게 설명합니다.

이날 예수님의 관대함의 가장 깊은 곳이 열려 영혼들 위에 모든 유형의 은총을, 모든 등급의 은총을(들어 본 적 없는 은총까지도) 아낌없이 쏟아부어 주십니다. 관대함은… 한없이 큰 의탁으로 하느님의 자비를 불러내며, 우리 주님께서 이 자비 주일에 탕진하기를 원하시는 모든 은총의 선물들을 불러내는 동기입니다.[48]

로지츠키 신부는 계속해서 말합니다. 이렇게 "놀랍도록 풍부한 은총들"을 받으려면 "가능한 가장 큰 의탁으로 그분의 자비에 다가가야" 합니다. 예수님은 직접 파우스티나 성녀에게 말씀하셨습니다.

"나는 나의 자비에 의탁하는 영혼들에게 상상을 초월하는 은총을 주기를 갈망한다."(『일기』 687)

모든 유형의 은총과 모든 등급의 은총을? …들어 본 적 없는 은총까지도? …상상조차 할 수 없는 은총을? 정말인가요? 하느님 당신에 대해 알지 못하지만, '놀라운 은총'에 대해서는 들어 봤습니다. 그리고 무척이나 멋진 일들을 쉽게 상상할 수도 있습니다. 제가 상상도 할 수 없는 것을 하느님께서 주시길 원하신다고요? 그럼, 저도 신청을 하겠습니다! 주님, 제가 여기 있으니, 제게 듬뿍 내려 주십시오.

은총에 대한 욕심

성체성사와 마찬가지로(이미 살펴본 대로 성체성사는 이 축일의 필요 불가결한 부분입니다), 자비 축일은 '마음껏 먹을 수 있는' 만찬입니다. 작은 분량으로 나오는 고정된 메뉴는 없습니다. 이건 끝도 한도 없는 뷔페입니다. 여러분이 먹을 수 있는 양에 아무런 제약도 없습니다. 모든 게 여러분의 식욕과 접시 크기에 달려 있을 따름입니다. 여기서 접시란 바로 의탁입니다. 접시가 크면 클수록 더 많이 담을 수 있습니다. 더 많이 의탁할수록 더 많은 은총을 받을 수 있습니다. 하느님께서는 여러분이 받아 가질 수 있는 것보다 주실 은총이 더 많이 있습니다.

때로 우리는 하느님께 충분히 구하지 않습니다. 충분히 기대하지 않습니다. 우리는 '늘 같은 것'에 그저 만족할 따름입니다. 그리스도께서는 우리가 그분의 자비에 호소할 때 그것이 그분을 기쁘게 한다고 파우스티나 성녀에게 말씀하셨습니다. 그리고 그녀에게 그녀가 가질 수 있는 만큼 그녀 자신과 다른 이들을 위하여 그분 성심으로부터 가능한 많은 "보화"를 가져가라고 재촉하셨습니다(「일기」, 294).

무언가를 점점 더 많이 원하는 것은 보통 좋은 일은 아닙니다. 하지만 하느님을 더 많이 원하는 것은 언제나 괜찮습니다. 은총에 욕심을 부리는 것은 괜찮습니다. 특히 이 축일에는 그렇습니다. 돌아온 탕자처럼 품팔이꾼 대접을 기대하며 오지 마십시오. 아버지에게 유산을 상속받을 자녀로 오십시오. 아버지께서는 여러분이 상상할 수 있는 것보다도 더 많이 주시길 원하십니다.

　이 축일에 올 때 여러분의 모든 지향, 욕구와 갈망, 여러분이 사랑하는 모든 것들을 마음에 담아 가지고 오십시오. 그리고 그분께 청하십시오. 이제껏 주신 것보다 더 많이 주시기를, 여러분을 그분 자신으로 더 많이 채워 주시기를, 여러분 안에서 상한 모든 것을 치유해 주시기를, 그분께서 그분의 사랑으로 여러분이 간절히 원한 모든 것을 행하시기를. 그리고 또 청하십시오. 여러분이 그분의 끝없는 은총에 더욱더 의탁할 수 있도록 도와주시기를.

"하느님의 지극히 심오한 신비인 삼위일체의 핵심에서 자비의 커다란 물결이 일어나 끊이지 않고 넘쳐흐릅니다."(『자비의 얼굴』 25항)

하느님의 자비께 드리는 9일 기도

　앞서 저는 적어도 한 번 주님께서 파우스티나 성녀에게 성금요일에 시작해서 하느님의 자비 축일 전야에 끝나는 9일 동안 하느님의 자비를 비는 5단 기도를 바치라고 했다는 사실을 언급한 적이 있습니다(『일기』, 796 참조). 주님께서는 또한 별도의 9일 기도를 주셨습니다. 9일 동안 하느님의 자비 축일을 준비하면서 매일 특별한 기도를 드리도록 구성되어 있는 이 기도는 하느님의 자비께 드리는 9일 기도라고 알려져 왔습니다(『일기』, 1209-1229 참조).

주님께서 모든 이가 드리기를 원하셨던 하느님의 자비를 비는 5단 기도를 이용한 9일 기도와 달리, 이 9일 기도는 우선 파우스티나 성녀 자신이 선택받은 영혼으로서 그녀의 사명 일부분으로 지상에서와 천국에서 모두 드리게끔 주어졌던 것 같습니다. 그리고 주님께서는 그녀가 그분께로 데려올 영혼들에게 놀라운 약속을 해 주셨습니다.

"너는 매일 다른 공동체의 영혼들을 내 성심으로 데리고 와서 그들을 내 자비의 바다에 잠겨 들게 할 것이다. 그러면 나는 그들을 내 아버지의 집으로 데려갈 것이다. 너는 이 일을 이승의 삶에서도 하고, 내세의 삶에서도 하게 될 것이다. 나는 네가 내 자비의 샘으로 데리고 오는 모든 영혼들에게 아무것도 거부하지 않을 것이다."(『일기』, 1209)

우와! 파우스티나 성녀여, 이 9일 기도를 드릴 때 잊지 말고 저도 끼워 주시기를!

주님께서는 파우스티나 성녀에게 다른 이들도 이 9일 기도를 바치도록 격려하라고 구체적으로 말씀하신 적은 없습니다. 그럼에도 9일 기도 전체가 성녀의 「일기」에 실려 있는 것으로 보아, 주님은 모든 이들이 이 기도를 바칠 수 있게 하기를 원하셨던 것 같습니다. 이 9일 기도는 세계 전역에 점점 더 널리 보급되고 있습니다.

많은 사람들이 이 9일 기도를 드리면서 하느님의 자비를 비는 5단 기도 또한 함께 드립니다. 이는 이 기도를 9일간 드리라고 하셨던 주님의 구체적 요구를 실천하려는 것입니다.

이 기도의 각 하루씩의 기도는 특정 구절들이 전체를 가로질러 반복되는 3악장의 교향곡과 같습니다. 첫째 날은 "오늘은 온 인류를, 특별히 모든 죄인들을 내게 데리고 오너라."(「일기」 1210)라는 말로 시작합니다. 그리스도께서 특정한 공동체의 영혼들을 가리키시며 파우스티나 성녀에게 그분의 자비에 "그들이 빠져들게" 하라고 말씀하십니다(이 부분에서 저는 언제나 하느님 자비의 상본으로 돌아가게 됩니다. 우리를 그분께로 초대하고 있는 그 왼손을 보며 그분의 자비로운 성심의 가장 깊은 곳으로 들어갑니다).

그런 다음 파우스티나 성녀가 작성한 기도문이 이어집니다. "지극히 자애로우신 주님의 성심 안에서 살도록 저희 모두를 받아들여 주시고…." 이 부분은 언제나 그 안에서 예수님 성체의 심장이 우리를 향해 뛰고 있는 감실을 떠오르게 합니다.

이어서 파우스티나 성녀가 하느님 아버지께 드리는 기도가 나옵니다. "영원하신 아버지, …자비로우신 눈길로 굽어살펴 주소서." 각각의 날에 드리는 그녀의 기도는 마치 아버지의 사랑에 의탁하며 이 영혼들이 와서 그분의 크신 자비를 찬양하게 되기를 청하는 노래와도 같습니다.

그리스도께서 그녀에게 주신 매일의 지향들 가운데 많은 지향은, 우리가 지금 하는 일이 그때 그리스도께 얼마나 개인적으로 영향을 끼쳤는가를 보여 줍니다. 특히 동사의 시제에 주목해 보십시오.

> "오늘은 사제들과 수도자들의 영혼들을 내게로 데려오고… 내가 쓰라린 고난을 참고 받아낼 수 있도록 힘을 준 것은 그들이었다."(『일기』 1212)
>
> "오늘은 모든 경건하고 충실한 영혼들을 나에게 데려와서… 이 영혼들은 내가 십자가를 지고 갈 때에 나를 위로해 주었다. 그들은 그 쓰라린 고통의 바다 한가운데에서 위로의 물방울이 되어 주었다."(『일기』 1214)
>
> "오늘은 아직도 나를 알지 못하는 이들과 이교도들을 나에게로 데리고 오너라. 나는 쓰라린 수난을 받는 동안 이 사람들을 생각

하고 있었다. 그리고 그들이 장래에 가지게 될 열정이 나의 마음을 위로하였다."(『일기』, 1216)

이 9일 기도는 우리가 그리스도의 수난에 관련되어 있다는 것이 사실임을 보여 줍니다. 또한 그것은 개인적입니다. 우리가 그것을 알든지 모르든지, 여러분과 제가 지금 하는 일이 그때 그분께 영향을 끼쳤습니다. 그분을 위로하기도 했고 그분의 고통을 더 심하게 만들기도 했습니다. 나는 삶의 모든 지금에서 그때 극도의 고통에 처해 있던 그분께 상처를 입히거나 도움을 드리고 있는 것입니다.

'마지막' 한 가지

하느님의 영원한 현재를 이해하는 데 중요한(그리고 위안이 되는) 사실 한 가지가 더 있습니다. 여러분이 지금 기도하는 것을 그분은 그때 들으셨습니다.

제 형 아트는 심장 마비로 죽었습니다. 형이 병원으로 실려 갔다는 이야기를 듣고 저는 형을 위해 하느님의 자비를 비는 5단 기도를 드리기 시작했습니다. 하지만 나중에 알게 된 사실은 형이 거의 즉각 사망했다는 것이었습니다. 제 기도는 너무 늦었습니다.

하지만 너무 늦었던 것이 아니었습니다. 저는 다른 책에서 이렇게 썼습니다.

> 기도하기에 너무 늦은 때란 없습니다. 하느님은 시간에 종속된 분이 아니시기 때문입니다. 그분은 모든 것을 아십니다. 과거와 현재와 미래의 모든 가능성들 또한 알고 계십니다. 그분은 우리 둘 가운데 하나가 태어나기 전부터 아트를 위한 제 기도를 알고 계셨습니다. 아트가 죽기 전에 이미 그분께서는 어떤 특별한 방식으로 아트와 함께 계셨다고 저는 굳게 믿습니다. 아직 드리지 않은 저의 기도에 대한 응답으로 말입니다.[49]

기도의 무시간성이라는 현실을 마침내 깨닫게 되었을 때 저는 그보다 먼저 일어났던 비슷한 비극적 사건을 회상했습니다. 바로 아버지의 죽음입니다.

저는 그때 열아홉 살이었습니다. 집 안에 있던 아버지에게 심장 마비가 일어났을 때 저는 깊이 잠들어 있었습니다. 제가 잠에서 깼을 때는 아버지가 이미 돌아가신 뒤였습니다. 저는 망연자실했고, 그래서 그때 기도를 했었는지 확실히 기억할 수 없습니다. 하지만 그건 문제가 되지 않습니다. 저는 그로부터 50년이 지난 지금, 아버지를 위해 기도할 수 있기 때문입니다.

"주님, 당신께서 그때 그와 함께하셨기를, 그 마지막 순간에 당신께서 그곳에 계셔서 그에게 넘치도록 은총을 부어 주셨기를 바랍니다. 이제 당신께 청하오니, 주님 당신 성심에서 솟는 피와 물을 그에게 쏟아부어 주시며, 당신께 다가가는 데 필요했을 더 깊은 회심으로 그를 초대하여 주십시오. 예수님, 저는 당신께 의탁합니다."

우리는 정말로 영혼들을 향한 하느님의 갈망을 이해할 필요가 있습니다. 그분은 제 형과 아버지를 제가 할 수 있었던 것보다 더 많이 사랑하십니다. 그분께서는 제 형과 아버지를 제각각 그분의 아들로 삼으셨습니다. 그들을 그들 어머니의 자궁 안에서 빚으셨습니다. 그들의 생애 내내 셀 수 없이 많은 방법을 통해 사랑으로 그들을 찾아다니셨습니다. 그들의 마지막 순간에 그분께서 함께하시며 그들을 그분 자신에게로 인도하고자(강제하지 않으시고) 가능한 무엇이든 하셨으리라는 것을 제가 어떻게 의심할 수 있겠습니까? 그것은 생각할 수도 없는 일이며, 그분의 사랑에, 그분의 존재에 완전히 모순되는 일입니다.

하느님께서는 절대 우리를 포기하지 않으십니다. 우리 삶의 마지막 순간에도 파우스티나 성녀가 '마지막 은총'이라 부른 그 은총을 하느님께서는 커다란 자비로 우리에게 내려 주십니다. 이 마지막 은총이란, 그분을 받아들일 것인지 거부할 것인지에 대한 마지막 선택권을 우리에게 제시해 주시는 영혼의 특별한 조명입니다.

슬프게도 파우스티나 성녀가 분명히 밝히고 있듯이, 때로는 영혼들이 단단하게 굳어져 하느님의 이 모든 노력에도 의식적으로 지옥을 택할 때가 있습니다(『일기』, 1698 참조). 하지만 겉으로는 아무런 회심의 증거가 없음에도 마지막으로 제시된 이 마지막 자비를 영혼이 받아들일 때도 있습니다.

"겉으로 봐서는 모든 것을 잃어버린 것 같이 보이지만 실제로는 그렇지가 않다. 하느님께서 주시는 강력한 마지막 은총의 빛줄기로 밝혀진 영혼은 최후의 순간에 강력한 사람의 힘으로 하느님께로 돌아온다. …겉으로는 아무런 통회나 참회의 표지가 드러나지 않는다."(『일기』, 1698)

기도하기에 너무 늦은 때란 절대 없습니다!

일곱 번째 비밀
목표는 변모입니다

우리는 모두 너울을 벗은 얼굴로 주님의 영광을 거울로 보듯 어렴풋이 바라보면서, 더욱더 영광스럽게 그분과 같은 모습으로 바뀌어 갑니다.

– 2코린 3,18

몇 해 전에 어떤 젊은이가 제 영적 지도자인 조지 코시츠키 신부를 만나러 갔습니다. 당시는 코시츠키 신부가 건강이 나빠지면서 노인 요양 시설로 옮긴 지 얼마 되지 않았을 때였습니다. 이 젊은이는 하느님 자비의 메시지와 신심에 크게 감동해 1년 동안 길거리에서 살며 홈리스들을 돌보았다고 했습니다. 그는 하느님 자비의 핵심에, 그 중심 메시지와 그 모든 것의 목표에 이르고자 애를 써 왔습니다.

젊은이는 이전에 코시츠키 신부를 만난 적이 없지만 그가 하느님 자비에 관한 최고 권위자 중 한 사람임을 들어서 알고 있다고 했습니다. 기도하는 가운데 코시츠키 신부의 이름이 여러 차례 반복해서 떠올랐고, 마치 주님께서 그에게 가 보라고 말씀하시는 듯했습니다.

코시츠키 신부는 그를 만나보는 데 동의했으나 무척 몸이 약하고 마음이 산란한 듯 보였습니다. 그래서 젊은이는 말했습니다.

"신부님, 제가 시간을 많이 빼앗지는 않을게요. 제게는 딱 한 가지 질문이 있습니다. 하느님의 자비란 대체 무엇입니까?"

코시츠키 신부는 아무 망설임도 없이 바로 대답했습니다.

"변모입니다."

완전한 원

오늘 글을 쓰기 시작하면서 오래된 농담이 하나('웃어라 하지만 뜻을 알아채라' 시리즈 가운데 하나) 갑자기 떠올랐습니다. "자신이 어디로 가고 있는지 모른다면 어딘가 다른 곳에 이르는 것으로 끝나기 쉽다."

자신이 어디로 가고 있는지 알고자 할 때 때로는 뒤로 돌아 이제껏 자신이 어디에 있었는지 살피는 것이 도움이 됩니다. 이제까지 우리가 살펴보았던 모든 것이 이제 이번 장에까지 이르렀습니다. 그러니 더 앞으로 나아가기 전에 잠시 뒤로 돌아 각 '비밀'을 통해 우리가 본 사실들을 다시 보도록 하겠습니다.

머리말 다른 무엇보다 하느님 자비의 신심이 의미하는 바는 자비를 실천하는 것, "자비에 의해 빚어진" 삶을 살아가는 것입니다(프란치스코 교황, 2014년 7월 7일 강론).

첫 번째 비밀 하느님 아버지의 자비의 계획은 그분의 자녀들 각자를 삼위일체로 이끌어 들이는 것입니다. 즉 우리를 신성하게 만드는 것, 자기를 내어 주는 서로의 사랑 속에서 그분과 결합하고 우리 서로 결합하여 하나가 되게 하는 것입니다.

두 번째 비밀 우리가 이 계획에 참여하는 데 필요한 전제 조건은 거룩함입니다. 우리가 거룩해지는 것은 하느님께서 그분의 거룩함으로 우리를 채워 주실 때만 가능합니다.

세 번째 비밀 하느님 자비의 상본은 우리에게 "아버지의 자비의 얼굴"(『자비의 얼굴』 1항)을 보여 줍니다. 이 상본에서 우리는 삼위일체 전체, 하느님의 계획 전체, 하느님의 창조와 재창조 전체, 하느님 자비의 신비 전체를 '봅니다'.

네 번째 비밀 하느님은 단지 우리가 사랑하는 것보다 더 많이 사랑하시기만 하는 것이 아닙니다. 그분은 다르게 사랑하십니다. 그분은 장부를 기록하며 행위에 근거하여 자비의 상이한 등급을 매기지 않습니다.

다섯 번째 비밀 하느님은 그분의 자비를 모두에게 아낌없이 쏟아부어 주시는 탕부蕩父이십니다. 그분은 영원히 자비로우시며,

자녀들을 강복하시고 그들이 풍성한 기쁨으로 회복되길 간절히 바라십니다.

여섯 번째 비밀 모든 것, 모든 것, 모든 것이 영원한 현재를 통하여 십자가로부터 나옵니다. 아버지의 자비의 모든 은총들이 꿰찔린 예수님의 심장을 통하여 끝없이 쏟아져 나옵니다. 우리는 삶의 매 순간 언제나 이 은총을 받을 수 있습니다. 특히 그리스도의 수난을 묵상하고 고해성사와 성체성사를 합당히 받음으로써 이 은총들을 받을 수 있습니다.

이제는 일곱 번째 비밀, 완전한 원을 다룰 차례입니다. 이는 다시 하느님의 자비의 계획, 그분의 신화神化 계획으로 돌아갑니다. 우리가 신화되는 과정, 즉 하느님의 생명에 참여하고 그리스도의 거룩함으로 채워지며 그분처럼 살고 사랑하여 삼위일체 안으로 들어갈 수 있게 되는 과정이 바로 변모입니다. 보다 구체적으로 말하면 베네딕토 16세 교황이 언급하였듯이 '점진적인 변모'의 과정입니다. 하지만 이에 대해서는 나중에 다시 살펴볼 것입니다.

폭발 과정

제가 이에 대해서 이야기할 때는 사람들이 내용을 기억하는 데 도움을 주고자, 'TNT'라는 짧은 약어를 가지고 시작할 때가 종종 있습니다. 여기서 'TNT'⁵⁰⁾는 '투명성'Transparency, '새 생명'New Life, '변모'Transfiguration의 영문 머리글자를 모은 것입니다.

모세는 아론, 나답, 아비후 세 사람을 데리고 산으로 올라갑니다. 영광의 구름이 산을 덮고, 주님께서 구름으로부터 모세에게 말씀하십니다.

산에서 내려올 때 모세에게는 무언가 근본적으로 새롭고 다른 것이 있었습니다. 얼굴이 너무나 강렬하게 빛나서 사람들은 그에게 가까이 가길 두려워합니다. 그래서 그는 너울로 자기 얼굴을 가립니다. 그가 만남의 천막 안으로 들어갈 때면 언제나 그 너울을 벗고 하느님과 얼굴을 맞대고 대화합니다. 그리고 사람들에게 돌아오기 전에 너울을 다시 씁니다(탈출 24,1-2.15-18; 34,29-35 참조).

모세는 하느님께 투명해졌습니다. 사람들이 그의 얼굴을 볼 때면 마치 창을 통해 하느님의 영광을 보는 것 같았습니다.

그보다 훨씬 미래의 시간으로 가 봅시다. 그리스도(새 모세)께서도 베드로, 야고보, 요한 세 사람을 데리고 산으로 올라가십니다. 그분은 갑자기 "그들 앞에서 모습이 변하셨고"(마태 17,2) 그분의 얼굴은 태양처럼 빛납니다. 그리고 모세와 엘리야가 나타나 예수님과 대화합니다. 빛나는 구름이 그들을 덮고, 아버지의 목소리가 구름 속에서 났습니다(마태 17,5-6 참조). "이는 내가 사랑하는 아들, 내 마음에 드는 아들이니 너희는 그의 말을 들어라." 세 명의 제자들은 얼굴을 땅에 대고 "몹시 두려워하였습니다." 나중에 요한이 회상하길, 그들은 그분의 영광을, "외아드님으로서 지니신 영광을 보았다."(요한 1,14)고 합니다.

영광에서 영광으로

영광. 그리스도교에서 자주 사용되는 또 다른 어휘입니다. 영광이란 무엇일까요? 사람들은 영광을 무엇이라고 생각합니까?

성 바오로 사도는 "하느님의 모상이신 그리스도의 영광"과 "예수 그리스도의 얼굴에 나타난 하느님의 영광"을 말합니다(2코린 4,4.6). 그러므로 영광이란 어떻게든 하느님과 비슷하다는 것에 관련되어 있습니다. 그런 하느님과의 유사성은 인간의 육체에 반영될 수 있습니다.

무언가 떠오르는 것이 없습니까? 두 번째 비밀을 다루면서 보았던 「가톨릭 교회 교리서」의 내용들이 명백히 다시 등장하고 있습니다. 우리 인류의 육체는 하느님의 모습으로 하느님과 비슷하게 창조되었습니다. 즉 우리의 육체는 하느님의 형상을 반영할 수 있습니다. 하지만 "죄로 그 모습이 손상된" 우리는 "하느님의 영광을 상실하였으며, 그 '유사성'을 잃어버렸습니다." 그리하여 하느님께서는 그리스도를 보내시어 "인간의 모습을 취하시어 성부에 대한 '유사성'을 회복시켜" 주신 것입니다. 어떻게요? "그 '영광' 곧 만물을 '살리시는' 성령을 주시고" 그렇게 하십니다(705항).

그러므로 하느님의 영광이란 그분의 성령. 발산하며 변모시키는. 생명을 주시는 하느님의 영에 의해 우리 안에 명백히 드러납니다.

모세의 얼굴에서 사람들이 보았던 것은 무엇입니까? 그리스도의 얼굴에서 제자들은 무엇을 보았습니까? 그들은 신성의 현현. 즉 하느님의 영광이 비추인 모습을 보았습니다. 모세와 그리스도의 거룩한 변모가 의미하는 것은 그 두 분이 하느님의 영광을 뿜어냈다는 것입니다. 두 분은 하느님께 투명해졌고. 그리하여 두 분의 인간 육체를 통하여 신성이 눈에 보이게 드러났던 것입니다.

여러분의 시선을 고정하십시오.

하느님 자비의 목적은 우리 각자가 하느님께 투명해지는 것. 그리하여 하느님 아버지와 비슷한 모습을 회복하고. 하느님의 생명과 거룩함으로 가득 차 그분의 영원한 영광을 비추는 것입니다.

하느님 자비의 상본을 예로 들어 봅시다. 파우스티나 성녀는 그림에 대한 환시를 본 것이 아닙니다. 그녀가 본 것은 "보이지 않는 하느님의 모상"(콜로 1,15)이신 예수님 자신입니다(게다가 그녀는 이 상본을 볼 때면 늘 그림을 넘어선 진짜 모습을 보았습니다). 거룩한 변모 사건에서 제자들이 그러하였듯이, 그녀는 "하느님의 영광"(『일기』 1789)을 본 것입니다. 그녀는 이렇게 썼습니다.

"나는 아무 말 없이 주님을 응시했다. 내 영혼은 두려움으로 놀랐지만 또 큰 기쁨으로 가득 찼다."(『일기』 47)

그런 뒤에 예수님께서는 파우스티나 성녀에게 말씀하시는데, 즉각 그렇게 하신 것은 아닙니다. 예수님은 한동안 그녀가 경외심에 사로잡혀 단순히 그분을 응시하도록 내버려 두십니다.
 하느님 자비의 상본을 가장 효과적으로 사용하는 법을 알고 싶지 않나요? 상본을 보십시오. 마음에 경외와 기쁨이 몰려올 때까지 시선을 주님께 고정하십시오. 그리고 하느님의 믿기지 않는 선하심을 깊이 묵상하십시오. 하느님은 언제나 여러분을 사랑하시며, 여러분에게 강복하시고, 여러분을 그분 마음으로 초대하고 계십니다.

여러분이 바라보고 있는 그 대상이 되십시오

성 바오로 사도는 자신이 주님을 묵상하듯 응시함으로써 일어난 변모의 과정을 기록해 두었습니다.

"우리는 모두 너울을 벗은 얼굴로 주님의 영광을 거울로 보듯 어렴풋이 바라보면서, 더욱더 영광스럽게 그분과 같은 모습으로 바뀌어 갑니다."(2코린 3,18)

우리가 하느님 자비의 상본을 바라보면서 하느님의 크신 자비를 깊이 묵상하면 우리는 하느님이 진짜 누구신지, 우리가 누구에게로 불림을 받았는지 알게 됩니다. 매 순간 하느님의 은총을 통하여 우리는 우리가 보는 대상의 모습으로, 한 단계의 영광에서 그다음 단계의 영광으로 변모합니다. 우리는 그렇게 우리가 바라보는 것이 되어 결국 하느님을 비추는 살아 있는 형상이 될 것입니다.

이 상본을 그저 벽에 걸어 두기만 해서는 안 됩니다. 우리 자신이 바로 그것이 되어야 합니다. 하느님 자비의 상본은 우리의 '산꼭대기 경험'이 되어야 합니다. 즉 예수님은 인간의 모습으로 오신 자비이시며, 우리 각자는 그분과 같이 되도록 불림을 받았다는 것을 상기시켜 주는 경험이 되어야 합니다. 우리는 변모되어 하느님 자비의 살아 있는 상본이 되고, 하느님의 자비를 온 세상에 비추고 퍼뜨려야 합니다.

"인류의 사명은 하느님의 모습을 드러내고 성부의 외아들의 모습으로 변하는 것이다."(『가톨릭 교회 교리서』, 1877항)

"인간은 '하느님의 모습으로' 창조되었으니, 이에 걸맞게 자신의 행업으로써 하느님을 드러내는 소명을 받았다."(『가톨릭 교회 교리서』, 2085항)

우리의 사명은 우리가 살아가는 방식을 통해, 즉 우리가 그분의 모습으로 비슷하게 창조된 방식에 걸맞게 살아감으로써 하느님을 보여 주는 것입니다.

나는 하느님의 모습으로 비슷하게 만들어진 누군가처럼 행동하기 시작해야 합니다! 나는 그분이 행동하시는 방식으로 행동하기 시작해야 합니다. 그분이 너를 보는 방식으로 너를 보고, 그분이 너를 사랑하시는 방식으로 너를 사랑하기 시작해야 합니다. 나는 네 안에서 하느님을 보고 강복으로 너에게 응답하기 시작해야 합니다.

거울아, 거울아, 벽에 걸린 거울아

하느님 자비의 상본은 여러분과 제가 거울을 볼 때마다 보아야 하는 모습입니다. 그것이 바로 양심 성찰입니다. 내 모습은 그리스도께서 거울에 비친 모습과 같은가? 나는 그분께 투명하여, 사람들이 나를 보면서 그분을 볼 수 있는가? 나는 그분의 다정함, 그분의 온화함, 그분의 인내심, 십자가에서 내려다보시는 그분의 사랑하는 시선을 비추고 있나?

거울을 들여다볼 때면 한 손으론 늘 강복하고 다른 손으론 늘 모두를 자기 마음으로 초대하고 있는 누군가가 보입니까? 사랑을 아낌없이 주고, 예외 없이 모두에게 자비를 쏟아부어 주는 아버지가 보입니까? 다른 이들이 의탁할 수 있는 누군가가 보입니까?

나 또한 파우스티나 성녀의 기도를 드릴 필요가 있습니다.

"오, 주님! 저는 완전히 주님의 자비가 되고 싶습니다. 그리고 주님의 살아 있는 영상이 되고 싶습니다."(『일기』, 163)

"수정이 햇빛에 자신을 완전히 드러내듯이 저는 제 마음을 주님의 은총에 완전히 내어 맡겨 드립니다. 오, 저의 하느님, 주님의 모습이 피조물에게서 나타날 수 있다면, 제 마음속에 나타나게 해 주십시오. 오, 제 영혼 안에 거처하시는 분이시여, 주님의 거

룩하심이 저를 통해서 빛나게 해 주십시오."(『일기』, 1336)

하나의 참된 형상

앞에서 저는 바실리오 성인의 가르침을 언급했습니다. "그림에 주어지는 명예는 그 원형에게로 넘어간다. 이콘을 공경하는 인물은 그 안에 재현되어 있는 인물을 공경하기 때문이다." 그리스도를 재현하는 그림을 응시하면서 우리가 하고자 하는 것은 그분과 연결되고, 그분처럼 되고자 하는 것, 즉 진짜 하느님 자비의 상본이 되는 것입니다.

진짜 하느님 자비의 상본은 어디에 있을까요? 하늘나라? 네, 물론 그렇습니다. 그러나 때때로 하늘나라는 너무 멀리 있는 듯 보입니다. 어딘가 다른 곳에 하느님 자비의 상본이 더욱 실제적인 방식으로, 더욱 '바로 지금 이곳'의 방식으로 존재합니까?

그렇습니다. 바로 성체성사 안에 존재합니다. 사람이 되신 예수님은(그분 자신이 하느님의 자비이신) 바로 이곳에 우리들 가운데, 세계의 모든 감실 안에 하루 24시간 1년 365일 계십니다.

성체성사에는 '너울'이 덮여 있습니다. 우리는 보고, 우리가 배운 것을 믿고자 합니다. 하지만 우리 눈에는 빵이 보이고 포도주가 보입니다. 우리가 그 너울을 들어 올릴 수 있다면 하느님 자비의 상본에 묘사된 그대로의 예수님이 보일 것입니다.

여러분이 성체를 영할 때마다 또는 성체 조배를 할 때마다 이 상본을 보십시오. 예수님께서 정말 그곳에 계시기 때문입니다. 그림이 아니라, 그림의 원형, 즉 그림이 우리에게 재현해 주고자 하는 것을 보십시오. 단 하나의 참된 하느님 자비의 모습, 예수 그리스도 말입니다.

성체 안에는 예수님 자신이, 그분의 완전한 인성과 완전한 신성 모두가 우리를 위해 현존해 계십니다. 그분은 손을 들어 강복하십니다. 그리고 우리를 그분 성체의 심장으로 초대하시며, 그분의 생명을 우리에게 늘 나누어 주시고 계십니다. 이것이 바로 영성체와 성체 조배의 가치입니다. "하느님 영광의 광채이시며 하느님 본질의 모상"(히브 1,3)이신 예수님께서 영광을 향해 우리를 발산하시도록 하면서, 사랑이 솟아나는 샘물을 받는 것입니다.

존재 양식

앞서 제가 언급했던 것들 가운데 두 가지를 다시 떠올려 보려고 합니다. 두 번째 비밀에서 저는 그리스도께서 자신의 거룩함을 우리와 함께 나누시는 주된 방법은 성사를 통하여 우리를 다시 창조하시는 것이라고 설명했습니다. 그보다 더 전에는, 하느님께서 우리를 신처럼 만드시려는 계획에 대해 이야기하면서 영원한 생명이란 '단지 끝없는 시간이 아니라' 전적으로 새로운 삶의 방식이라는 베네딕토 16세 교황의 설명을 언급했습니다. 그것은 바로 하느님의 삶의 방식입니다.

이 두 가지는 서로 연결되어 있습니다. 하느님께서는 우리에게 새로운 삶의 방식을 주심으로써 성사를 통해 우리를 다시 창조하십니다. 성 요한 바오로 2세 교황은 이렇게 썼습니다.

> "성찬례를 통하여 그리스도를 양식으로 삼는 사람들은 영원한 생명을 얻으려고 나중까지 기다릴 필요가 없습니다. 그들은 지상에서 이미 영원한 생명을 얻었습니다."(『교회는 성체성사로 산다』, 18항)

베네딕토 16세 교황은 덧붙여 이렇게 말했습니다.

> "이 '영원한 삶'은 성찬의 선물이 우리 안에 불러일으킨 변화를 통하여 지금 우리 안에 이미 시작되었습니다. …우리 안에서 새로운 삶의 원리가 되고 우리 그리스도인 삶의 모습이 되는 고유한 힘…. 예수 그리스도의 몸과 피를 받아 모심으로써, 우리는 언제나 더 성숙하고 의식적으로 하느님 생명에 동참하게 됩니다."(『사랑의 성사』, 70항)

성 요한 바오로 2세 교황은 성체성사를 '존재 양식'으로 정의합니다. 그것은 예수님으로부터 우리 각자 안으로 전해지며, 우리를 통하여 다른 이들에게 전해져야 할 삶의 방식입니다. 그러나 이 삶의 방식을 전할 수 있으려면 우선 우리는 그리스도의 가치, 그리스도의 태도, 그리스도의 존재 방식 전체를 완전히 "받아들여야" 합니다(『주님 저희와 함께 머무소서』, 25항).

받아들이다(assimilate, 소화하다). '받아들이다(take in). 점차적으로 흡수하여 자신의 일부로 만들다.'

베네딕토 16세 교황 또한 같은 어휘를 사용했습니다.

> "이 '먹는' 행위는 사실 두 인격 사이의 만남입니다. 그것은 나 자신이 주님이신 그분의 생명으로 관통되도록 허락하는 것입니다. …이 영성체의 목적은 내 삶으로 그분의 삶을 소화하여 그에 동화되는 것입니다. 살아 있는 사랑이신 그분을 따라 나 자신이 변모하고 구성되는 것입니다."(2005년 5월 30일 강론)

이는 마치 성체 안에 계시는 예수님께서 여러분과 저에게 이렇게 말씀하시는 듯합니다. "여기 나의 삶의 방식, 내 존재 방식이 있다. 내 기억, 내 느낌, 내 태도, 내 가치, 내 인식이 있다. 내가 세상을 보는 방식, 내가 사랑하는 방식이 있다. 이 모두를 네 자신 안으로 흡수하여라. 그리고 다른 이들에게도 전해 주어라."

하느님 자비의 상본을 응시함으로써 우리가 바라보는 대상이 되어야 하는 것처럼, 성체를 받아 모심으로써 우리는 받아 모신 그분이 되어야 합니다. 이 세상에서 살아 있는 성체성사, 살아 있는 하느님 자비의 상본이 되어야 합니다.

점진적인 변모

이러한 변모는 성체를 한 번 영한다고 일어나지는 않습니다. 그것은 하나의 과정입니다. 그리스도와의 이 완전한 일치를 더욱 열렬히 바랄수록, 베네딕토 16세 교황이 우리에게 제공하고 있는 "근본적인 새로움"이라 부르는 것을 더욱 열렬히 바랄수록, 우리는 더욱더 그리스도의 존재 방식 전체를 "띠고" 그것이 우리의 온 삶에 스며들게 할 수 있습니다(『사랑의 성사』, 71-84항 참조).

기도하는 마음으로 성체를 영할 때마다, 성체 조배를 하며 보내는 매 순간마다 우리는 차츰 더욱더 그리스도를 닮아 갑니다.

베네딕토 16세 교황은 이렇게 설명합니다. "성찬례는… 하느님의 아드님과 같은 모상을 지니도록 은총으로 부름받은 모든 이가 날마다 점진적으로 변모할 수 있게 합니다."(『사랑의 성사』, 71항)

주어질 선물

성 요한 바오로 2세 교황이 강조했듯이, '그것을 전해' 주어야 한다는 요건을 더욱더 인식하는 것이 중요합니다. 그리스도께서 그분의 '존재 양식'을 성찬례를 통하여 우리에게 전해 주시듯, 우리도 다른 이들에게 그렇게 해야 합니다.

변모라는 선물은 내가 그에 집착하면서 나 혼자만 가지고 있을 수 있는 개인적 소유물로 주어지는 것이 아닙니다. 그것은 주어지는 선물이며, 다른 이들과 나누어야 할 선물입니다.

첫 번째 비밀을 다루면서 보았던 자비의 계획이 지닌 이중적 본성을 다시 기억해 보십시오. 하느님은 단지 나를 삼위일체 안에서 그분과 결합시켜 하나 되기만을 원하시는 것이 아닙니다. 그분은 내가 그분의 다른 자녀들과도 완전한 일치를 이루기를 원하십니다. "아버지, 이들도 우리처럼 하나가 되게 해 주십시오."(요한 17,11)

베네딕토 16세 교황과 프란치스코 교황 모두 이 요건을 강조합니다. 베네딕토 16세 교황은 이렇게 썼습니다.

"우리가 성체성사로 거행하는 사랑은 우리 혼자만 간직할 수 있는 것이 아닙니다. 그 사랑은 본성상 모든 이와 나누어야 합니다. 세상이 필요로 하는 것은 하느님의 사랑입니다. 세상은 그리스도를 뵙고 그분을 믿어야 합니다. 참으로, 그리스도를 알고 다른 이들에게 그분을 알리는 것만큼 아름다운 일은 없습니다."(사

랑의 성사』, 84항)

프란치스코 교황은 이 요건을 전체 교황직의 주제로 삼았습니다. 즉 우리 자신으로부터 나와, 편안하고 익숙한 환경을 과감히 깨치고 다른 이들에게 손을 내밀어 닿는 것입니다.

"예수님은 침묵으로 성찬례의 신비를 말씀하십니다. …그분을 따른다는 것은 우리 자신으로부터 나와, 우리의 삶을 우리 자신의 소유물이 아니라 그분과 타인들을 향한 선물로 삼는다는 것을 의미합니다. 나는 성찬례를 어떻게 삶으로 살고 있나요? … 나는 나 자신을 그분에 의해 변모되도록 허락합니까? 나는 주님께서… 나를 인도하시어, 내 작은 울타리로부터 더욱 멀리까지 나가 나누고 그분과 타인들을 사랑하게 하시도록 허락합니까?"

(2013년 5월 30일 강론)

세상의 변모

그러므로 목적은 단지 우리 자신이 변모하는 데 있는 것이 아니라, 다른 이들 또한 변모되도록 돕는 데 있습니다. 다만 소수의 타인들만을 말하는 것이 아닙니다. 우리는 완전히 성찬례적인 영성을 삶으로 살며, 세상을 변화시키고 변모시킬 그리스도의 사명에 참여하도록 부름받았습니다.

베네딕토 16세 교황은 회칙 「사랑의 성사」에서 빵과 포도주가 그리스도의 몸과 피로 변하는 것은 "실재를 변화시키는 과정, 궁극적으로는 온 세상을 변화시키는 과정을 시작합니다."(11항)라고 썼습니다.

성 요한 바오로 2세 교황은 우리 모두가 이 과정에 참여해야 한다는 것을 분명히 하셨습니다. 그는 이렇게 설명했습니다. "성찬례에 참여하는 모든 사람이 그들의 삶을 변화시켜 그 삶이 어떤 면에서 완전히 '성찬례적인' 것이 되도록 노력하여야 함을 의미합니다. …바로 이러한 변화된 삶의 결과와 복음에 따라 세상을 변화시키려는 노력입니다."(「교회는 성체성사로 산다」, 20항)

다시 TNT

세상을 변화시키려는 노력. 성찬례는 응답을 요구하는 선물입니다. 이 선물은 우리에게 권한을 주는 동시에, 하느님께 투명해지라고, '자비의 샘'에서 흘러나오는 새로운 생명(그리스도의 생명)으로 가득 채워지라고, 그리고 우리가 자비의 살아 있는 모상이 될 때까지 한 단계의 영광에서 다른 단계의 영광으로 변화하라고 도전합니다. 우리 가운데 여기에 '네'라고 답하는 이들이 충분히 많다면 세상은 변하여 창조주의 영광을 비출 것입니다.

하느님 자비의 어머니

이번 장은 성모 마리아와 함께 마무리하는 것이 적절할 것 같습니다. 성모님은 우리가 이 선물에 어떻게 응답해야 하는지를 보여 주는 최고의 본보기입니다. 그리고 우리가 방금 살펴본 하느님의 자비와 성찬례 사이의 분리될 수 없는 관계를 우리를 위하여 거울처럼 비추어 보여 주십니다.

성 요한 바오로 2세 교황은 성모 마리아를 "자비의 어머니"라고 부르며 이렇게 설명했습니다. 성모님은 "아무도 받아 본 적 없는" 방식으로 자비를 입었고, 자비의 계시에 참여하십니다. 성모님은 "하느님 자비의 신비에 대하여 가장 깊은 지식을 갖고 계십니다."(「자비로우신 하느님」 9항)

교황은 또한 성모님을 가리켜 "성찬의 여인"이라고도 부릅니다. 성모님은 성찬례와 '깊은 관계'를 맺고 계시기 때문에 "그리스도의 얼굴을 바라보시는… 우리의 스승"이 되시며, 어떻게 '그리스도께 동화되는지' 보여 주시면서 "우리를 이 거룩한 성사로 이끄실 수 있습니다."(「교회는 성체성사로 산다」 53항) 성모님은 성찬례를 거행할 때마다 거기에 현존하시며 성찬례와 "분리될 수 없이 결합되어" 계십니다(57항).

「가톨릭 교회 교리서」에서는 하느님께 "온전히 투명한 분"(2674항)으로 성모 마리아를 언급하고 있습니다. 성모님은 그리스도께

결합되어 그분께 완전히 투명해지셨습니다. 이것이 놀랄 일일까요? 성모님은 예수님을 열 달 동안 태중에 담고 계셨습니다. 하느님이며 인간이시고, 육화하신 하느님 자비이신 예수님은 배타적으로 오직 성모님 안에서만 열 달을 사셨던 것입니다! 메시아의 어머니, 자비의 어머니가 되도록 영원으로부터 선택받은 마리아는 죄 없이 잉태되었으며, 하느님 아버지로부터 "다른 모든 창조된 인간들보다 더" 강복을 받았고, "더 없이 뛰어난 성덕의 빛"으로 꾸밈을 받으셨습니다(492항).

> "마리아께서는 바로 시온의 딸이요, 계약 궤이며, 주님의 영광이 머무는 곳이다. 마리아께서는 '사람들 가운데에 있는 하느님의 거처'이다. '은총이 가득하신' 마리아께서는 자신 안에 머무르러 오시는… 그분께 자신을 온전히 바치신다."(『가톨릭 교회 교리서』, 2676항)

베네딕토 16세 교황은 회칙 「하느님은 사랑이십니다」에서 성모님은 "모든 성덕의 거울"이시며, 주님을 찬미하는 것이 성모님 "일생의 모든 계획"이라고 썼습니다. 성모님은 "믿음의 여인"이십니다. 성모님의 생각은 "하느님의 생각을 따르고" 성모님의 "의지는 하느님의 뜻에 일치"되었습니다. 성모님은 "하느님의 생각으로 생각하고 하느님의 뜻을 자신의 뜻으로 삼는 신앙인"이셨습니다(41항). 그분은 그리스도의 생활 방식 전체를 소화하여 동화되셨던 것입니다.

"어머니께서는 하느님의 부르심에 온전히 자신을 맡기시어 하느님에게서 흘러나오는 선의 샘이 되셨나이다." 성모님이 우리를 그분께 이끌도록 허락한다면 우리 또한 "참된 사랑을 할 수 있게" 되고 "목마른 세상 한가운데에서 생명의 물이 솟아오르는 샘이" 될 수 있습니다(42항).

너를 덮을 것이다

이 모든 것이 우리에게 의미하는 바를 더욱 선명하게 이해하기 위해, 성모 마리아를 한 십 대 소녀로 바라보도록 합시다. 천사가 마리아에게 다가와 놀라운 소식을 전해 줍니다. 그녀가 잉태하여 아들을 낳게 될 것인데, 이름을 예수(히브리말로 '하느님께서 구원하시다'라는 뜻)라고 지으라는 것입니다. 예수는 자라서 위대한 인물이 될 것이며 지극히 높으신 분의 아들이라 불릴 것입니다. 다윗 왕의 왕좌를 받고 영원히 다스릴 것이며, 그의 왕국은 끝이 없을 것입니다(루카 1,26-33 참조).

우와! 잠시만 생각해 봅시다. 여러분이 십 대 소녀라면 천사가 전해 준 소식에 어떻게 답을 하겠습니까? 마리아는 단순하게 이 모든 일이 어떻게 일어날 수 있는지 묻습니다. 그녀가 정결 서약을 했기 때문입니다. 천사는 이렇게 답합니다.

"성령께서 너에게 내려오시고 지극히 높으신 분의 힘이 너를 덮을 것이다."(루카 1,35)

여기서 '덮을 것이다'라는 말이 매우 의미심장합니다. 하느님께서 모세에게 말씀하실 때 구름이 온 산을 덮었던 것을 기억할 겁니다. 그리고 예수님의 거룩한 변모 사건에서도 제자들이 구름에 덮였습니다. 이 두 사건 모두 이스라엘 민족이 이집트에서 탈출하여 광야에 있을 때 만남의 천막 또한 구름에 덮였다는 것을 떠오르게 합니다.

"그때에 구름이 만남의 천막을 덮고 주님의 영광이 성막에 가득 찼다."(탈출 40,34)

무슨 말인지 알 수 없는 말

천사가 마리아에게 소식을 알리며 사용한 '덮다'overshadow라는 말은 위에서 인용한 구약 성경 구절의 고대 그리스어 번역본에서 사용된 어휘와 동일한 어원에서 나온 것입니다. 이 단어는 하느님의 영광이 어떻게 성막을 '덮었는지', 어떻게 그곳이 하느님께서 거하시는 장소가 되었는지를 묘사하는 데 쓰였습니다.

이 어린 소녀가 그 이야기를 듣고 있습니다. '네'라고 응답하면 소녀는 새로운 성막이 될 것입니다. 영광으로 가득 찬, 하느님께서 머무시는 새로운 장소가 되는 것입니다.

하느님께는 불가능한 일이 없음을 보여 주는 표징으로 천사는 덧붙여 알려 줍니다. 아이를 낳지 못하는 여자라 불리던 사촌 엘리사벳이 임신하여 벌써 여섯 달이 지났음을!

마리아는 세상을 바꾸어 놓은 피아트Fiat라는 말로 대답합니다. "말씀하신 대로 저에게 이루어지기를 바랍니다."(루카 1,38) 충실과 신뢰를 담은 이 몇 마디 말에 하느님의 아드님이 그녀의 태 안에서 사람이 되셨습니다.

자, 이제 이 이야기는 끝입니다. 천사는 떠났습니다. 이제 또 무슨 일이 벌어지나요? 마리아는 어떻게 합니까? 그녀는 온 세계 역사에 등장한 모든 여자들 가운데 자신이 하느님의 어머니로 선택되었음을 깨달았습니다. 너무도 당연하게 그녀 역시 다른 십 대 소녀가 할 법한 행동을 했을지 모릅니다.

그녀는 거울로 달려가 말합니다. "우와! 내가 뽑힌 거야! 다름 아닌 내가! 내가 바로 그 약속된 동정녀야. 모든 예언이 나에게서 이루어진다고!" 그녀는 휴대 전화를 집어 들고 친구에게 전화를 겁니다. "야, 무슨 일이 있었는지 알아? 너 알지, 메시아를 잉태하게 될 약속된 동정녀 말이야. 그게 바로 나라고!"

정말 재밌지 않습니까? 하지만 보통은 이렇지 않을까요? 만약 여러분이 정말 그렇게 큰 영예를 안게 되었다면 어떻게 하겠습니까? 너무 흥분한 나머지 좀 떠들고 싶지 않을까요? 그렇게까지는 안 하더라도 적어도 여러분의 놀라움과 기쁨을 누군가와 나누려 하지 않을까요?

마리아는 그렇게 하지 않습니다. 그녀는 자기 안으로 들어가지도 않고, 자기 자신에 초점을 맞추지도 않습니다. 그녀는 어떻게 합니까? 성경에서는 그녀가 '서둘러' 엘리사벳을 도우러 간다고 전합니다(루카 1,39 참조). 마리아가 떠올린 첫 번째 생각은 다른 누군가를 위한 것이었습니다. 그리고 그녀가 한 첫 번째 행동은 자비의 실천입니다.

피아트에서 아멘으로

주님 탄생 예고는 마리아의 첫영성체입니다. 그녀는 하느님께서 그녀를 통해 사람이 되길 원하신다는 걸 믿게끔 요청받은 첫 번째 사람입니다. 그리고 피아트라고 답함으로써 그녀는 첫 번째 살아 있는 감실이 되었습니다. 파우스티나 성녀가 표현하듯, 마리아의 마음은 "지상에서 예수님의 첫 번째 감실"(『일기』, 161)이 되었습니다.

"주님은 자신을 위해 직접 성전(감실)을 마련하셨으니, 그것은 복되신 동정녀입니다. 그분의 티 없으신 태중은 주님이 거처하시는 장소입니다. 오, 주님, 상상을 초월하는 주님 자비의 기적이 일어납니다. 말씀이 사람이 되십니다. 하느님이, 하느님의 말씀이 강생하신 자비가 우리와 함께하십니다."(『일기』 1745)

그리하여 마리아는 하느님 자비를 자기 안에 품고 서둘러 엘리사벳에게 갑니다. 그녀가 엘리사벳을 방문한 일은 역사상 최초의 성체 행렬입니다. 살아 있는 감실이 된 마리아는 이제 살아 있는 성광이 됩니다. 이 성광[51]은 하느님께 너무도 투명하고, 하느님과 너무도 일치되어 하느님의 현존이 그녀의 존재의 모든 부분에서 널리 퍼져 나갑니다. 그녀는 풍성한 자비를 받고 자비의 전달자가 된 것입니다.

마리아가 엘레사벳에게 가는 길에 누군가와 마주쳤는지, 만약 그랬다면 그녀가 그 사람들에게 어떤 영향을 주었을지 알 수 있다면 좋겠습니다. 하지만 불행하게도 성경에서는 그녀의 여행길에 대해서는 아무런 이야기도 해 주지 않습니다. 다만 우리는 마리아가 엘리사벳의 집에 도착했을 때 일어난 일에 대해 알고 있습니다.

마리아는 집 앞에 이르러 소리쳤습니다. "엘리사벳! 저예요, 마리아요!" 엘리사벳도 소리치며 나왔습니다. "마리아! 정말 반갑구나! 와 줘서 고맙다!"

네, 저도 알고 있습니다. 저는 또 거짓말을 했습니다. 하지만 보통 이렇게들 하지 않습니까? 엘리사벳은 아마도 마리아가 온다는 것을 알지 못했을 것입니다. 그러니 마리아를 보았을 때 깜짝 놀라면서도 기쁘지 않았겠습니까? 엘리사벳의 실제 반응 또한 이루 말로 다할 수 없는 것이었습니다.

"엘리사벳은 큰 소리로 외쳤다. '당신은 여인들 가운데에서 가장 복되시며 당신 태중의 아기도 복되십니다.'"(루카 1,42)

물론 여러분의 사촌이 여러분을 반겨 주는 그런 방식은 아니었습니다. 오늘날이라면 아마도 마리아가 이렇게 대답했을 거라고 상상해 봅니다.

"엘리사벳, 진정하세요! 그냥 저예요, 마리아라고요."

물론 마리아는 이렇게 말하지 않았습니다. 엘리사벳은 감동에 겨운 반응을 계속 이어 갑니다.

"내가 누구라고, 우리 주님의 어머니가 나한테 오다니!? 반갑게 인사하는 소리에 내 태중의 아기도 기뻐서 뛰논다. 마리아, 너는 정말로 복되구나. 네게 하신 주님의 말씀이 이루어지리라

믿었으니."(루카 1,43-45 참조)

　엘리사벳은 경외심을 느낀 겁니다! 그녀는 일어난 모든 일을 이미 알고 있는 듯 보입니다. 이 모든 걸 그녀가 어떻게 알고 있었을까요? 핸드폰도 없고 속달 우편도 없는데 말입니다. 하지만 엘리사벳은 마리아의 인사에 완전한 지식과 공경과 믿음으로 응답합니다. 대체 이것이 다 무엇일까요? 루카 복음사가는 몇 절 앞에서 우리에게 이야기하고 있습니다.

　"엘리사벳이 마리아의 인사말을 들을 때 그의 태 안에서 아기가 뛰놀았다. 엘리사벳은 성령으로 가득 차…."(루카 1,41)

　엘리사벳이 마리아의 인사말을 들었을 때 무슨 일이 일어났습니까? 마리아의 인사말 소리에(그 목소리에) 엘리사벳은 그토록 완전하게 성령으로 가득 찼습니다. 그리고 그녀는 주님 탄생 예고에 관한 '지식의 말씀'을 예언적으로 완전하게 받게 되었습니다. 그리하여 완전한 믿음으로, 사촌 마리아가 이제 하느님의 어머니가 되었다고 답할 수 있었습니다. 마리아의 입에서 나온 소리가 세례자 요한이 어머니의 태중에서 세례를 받게 했습니다.

　그것이 바로 투명성입니다! 마리아는 하느님으로 가득 찼고, 그래서 그분과 하나가 되었습니다. 그리하여 그녀의 목소리에도 그분께서 현존하셨습니다. 하느님 아버지께서는 "성자와 성령이 처음으로 인간들 가운데 머무르실 거처를 찾아내셨습니다."("가톨릭 교회 교리서』, 721항) 그리고 그 거처로부터 이제 자비를 쏟아 부어 주실 수 있게 되었습니다. 마리아의 목소리, 마리아의 눈, 마리아의 얼굴, 그리고 마리아의 온 존재를 통해서 말입니다.

이것은 모두 하느님께 투명한 한 사람이 가져온 결과입니다. 삶 자체가 하느님께 대한 완전한 '네'인 한 사람, 살아 있는 성체를 영하고 경배하는 한 사람, 자신이 살아 있는 성찬례가 되는 한 사람이 이러한 결과를 가져오는 것입니다.

영성체를 하러 나갈 때마다 여러분과 저는 이 '네'와 경배를 되받아 다시 하도록 부름받습니다. 성 요한 바오로 2세 교황은 성모님께서 주님 탄생 예고를 받고 말씀하신 피아트와 우리가 성체를 받아 모시며 말하는 "아멘." 사이에 "깊은 유사점"이 있다고 했습니다(『교회는 성체성사로 산다』, 55항 참조).

그러므로 다음에 성체를 모시러 나가면 사제가 "그리스도의 몸"이라고 할 때 그가 다음과 같이 묻고 있음을 여러분은 알아듣게 될 것입니다.

"하느님 자신이 당신 안에서 육화되기를 원하신다는 것을 믿습니까? 그분이 당신 안에서 살기를 원하신다는 것을 믿습니까? 그분 삶의 양식 전체를 여러분에게 전해 주길 원하신다는 것을 믿습니까? 당신은 이것을 믿고 '네'라고 답하겠습니까?"

여러분이 "아멘." 하고 말할 때 그 '아멘'이 피아트가 되도록 하십시오.

"네, 주님. 말씀하신 대로 저에게 이루십시오. 네, 주님, 제 안에서 육신을 취하십시오. 제가 살아 있는 성찬례가 되도록, 당신 자비의 살아 있는 형상이 되게 하십시오. 성모 마리아처럼 제가 가는 곳 어디에나 당신을 품고 갈 수 있게 하십시오."

"제가 살아 있는 성광이 되게 하십시오. 그리하여 제 눈에서, 제 목소리에서, 제 온 존재에서 사람들이 당신의 진리를, 당신의 아름다움을, 당신의 다정함을, 당신의 연민을, 당신의 용서를 보게 하십시오. 주님, 제가 이 세상에서 당신의 자비가 되게 하십시오."

맺음말
더욱더

여러분이 개인적 실패나 죄로 인해 용기를 잃거나 마음이 짓눌려 있을 때에도, 여러분을 향한 하느님의 사랑에 더욱더 의탁하십시오. 그분을 향해 자비와 용서와 사랑을 구하십시오.
— 성 요한 바오로 2세 교황, 1986년 2월 8일 강론

자, 이제 결심할 때가 왔습니다. 우리는 하느님이 누구신지 압니다. 그리고 우리는 그분의 계획을 살펴보았습니다. 우리는 성모님께서 세상을 흔들어 놓은 '네'라는 완전한 답으로, 온 마음을 다해 그 계획 속에 걸어 들어가셨음을 보았습니다. 그럼, 여러분은 어떠한가요? 여러분은 누가 될 것입니까? 여러분은 어떻게 대답할 것입니까? 여러분의 '네'는 얼마나 완전할까요?

저는 이 책을 시작하며 조지 코시츠키 신부에게 헌정하는 글을 썼습니다. 저는 그보다 더 '자비에 흠뻑 빠진' 사람은 본 적이 없습니다. 코시츠키 신부는 '하느님 자비가 삶의 방식'인 사람이었습니다.

하지만 코시츠키 신부는 절대 이제 '됐다'고 멈추는 사람이 아니었습니다. '충분하다'는 선에서 절대 만족하지 않고, 하느님과 더 깊은 관계로 나가고자 늘 노력하며, 더 완전하게 '네'라는 대답을 하고 자비의 살아 있는 형상으로 변모될 수 있는 은총을 늘 구했습니다.

코시츠키 신부가 저에게 했던 말이 기억납니다. 그는 매일 아침을 단순한 물음 하나로 시작한다고 했습니다. "아버지, 오늘 제가 무엇을 하면 당신을 기쁘게 할 수 있을까요?" 그러면 늘 다시금 똑같이 반복되는 응답이 마음에 들려왔습니다. '나를 기쁘게 하려면, 내 앞에 현존해라. 마리아의 마음 안에서 너의 마음으로, 의탁하고 기뻐하고 감사하며.'

저는 '하느님에 관한 일들'에 대하여 그토록 즐거워하며 신이 나 있는 사람을 본 적이 없습니다. 그는 매일 성체 조배 때 받은 새로운 통찰을, 하느님 자비를 삶으로 살아 내는 법에 대한 새로운 생각이나 인식을 나누곤 했습니다.

단 하나의 계명

코시츠키 신부는 실제로는 단 하나의 계명만 있다는 것을 깨달았습니다. 그것은 사랑입니다. 하느님에 대한 사랑과 이웃에 대한 사랑입니다. 그리고 이웃이란 모든 이를 뜻한다는 것을 그는 알았습니다.

파우스티나 성녀를 '자매'라고 불렀던 그는 성녀와 마찬가지로 십자가 위 그리스도의 외침 속에서 드러난 그리스도의 커다란 갈망을 이해하고 자기 안으로 흡수하였습니다. 그리고 파우스티나 성녀와 함께 우리가 앞서 살펴보았던 주님의 간청을 더욱더 성취하고자 노력했습니다.

"목마르다. 나는 영혼들의 구원 때문에 목이 마르다. 내 딸아, 나를 도와서 영혼들을 구해 다오. 너의 고통을 내 고난에 합치시키고, 그것을 죄인들을 위해서 하늘에 계신 아버지께 봉헌해 다오."(『일기』, 1032)

모든 곤란한 일들과 어려운 문제, 모든 불편과 방해, 모든 고통에 대한 코시츠키 신부의 응답은 매일같이 '이 모두를 영혼들을 위해서'였습니다. 그는 제가 저의 모든 비참함을 하느님의 자비 안에 두도록, 그것을 다른 이들을 위한 사랑으로 봉헌하도록 항상 격려해 주었습니다. 그리고 우리가 우리의 모든 '비참함'을 (우리가 경험하는 불가피한 어떤 고통이든) 다른 이들을 위하여 그리스도께 봉헌할 때 그분께서는 그들에게 자비를 쏟아부어 주실 뿐 아니라, 우리에게 더 많은 은총을 채워 주신다는 것을 제게 기억시켜 주었습니다.

가득 찬 자비, 흐르는 자비

그리스도인들을 위한 영어 철자 강습. 이 다음에 "자비롭다"는 뜻의 'merciful'을 쓸 때면 "자비가 가득하다"는 뜻으로 'mercy-full'이라고 생각하십시오. 코시츠키 신부는 먼저 우리 자신이 자비로 가득 찬 뒤에야 다른 이들에게 자비로울 수 있다고 쓰고 널리 가르쳤습니다. 그는 하느님의 사랑을 '끊임없이 흐르는 창조적 권능'이라고 보았습니다. 하느님의 사랑은 예수님께로 영원히 흐르고, 예수님을 통해 그 사랑이 자비가 되어 우리에게로 흐릅니다. 우리는 이 자비의 흐름에서 자비를 길어 가도록 부름받았습니다. 거기에서 자비를 얻고 또 그것이 우리를 통하여 흘러가도록 해야 합니다.

하느님께 의탁하면 그분이 우리에게 주고자 하시는 모든 것을 향해 우리 자신이 열립니다. 그러므로 우리가 더 많이 의탁할수록 하느님의 자비는 더 많이 우리에게로 흘러들어, 우리에게서 다른 이들에게 다시 넘쳐흐릅니다. 코시츠키 신부가 가장 좋아했던 인용문은, 그리스도께서 파우스티나 성녀에게 이 '자비의 흐름'을 약속해 주시며 하신 말씀이었습니다.

"신뢰하는 마음으로 내게 오는 영혼에게는 그 영혼 안에 모두 담을 수 없을 만큼 풍성한 은총을 내려 줄 것이다. 그러면 은총이 그 영혼에게서 흘러넘쳐서 다른 영혼들에게로까지 발산되어 뻗어 가게 될 것이다."(「일기」, 1074)

저는 사실 베네딕토 16세 교황이 착한 사마리아인의 비유(루카 10,25-37 참조)를 설명한 글을 읽게 될 때까지 자비가 흘러넘친다는 것이 무슨 말인지 깊이 이해하지 못했습니다. 물론 자비로워지라는 부르심에 타인에게 연민을 가지라는 뜻이 있는 줄은 알았지만, 그게 정말 무슨 뜻인 줄은 모르고 있었습니다.

한 남자가 강도를 만나 가진 것을 빼앗기고 심하게 맞은 상태로 길가에 쓰러져 있습니다. 사제와 레위인은 그를 보고 길 반대쪽으로 지나가 버립니다. 하지만 그들과 달리 사마리아 사람은 가엾은 마음이 들어 그의 상처를 싸매고 돌봐 줍니다.

베네딕토 16세 교황은 오늘날의 번역이 원문과 맞지 않다고 말합니다. 그저 '가엾은 마음'이 들었다는 것은 충분히 강력한 표현이 되지 못합니다. 실제로 사마리아 사람에게 일어난 일은 '심장이 찢어져 열렸다'[52]는 것입니다. 그래서 그는 부상당한 사람의 고통을 덜어 주고자 할 수 있는 일은 무엇이든 할 수밖에 없습니다.

십자가에 달리신 예수님은 심장이 창에 찔려 찢겼습니다. 예수님처럼 우리도 주변에서 고통받는 이들을 보고 심장이 '찢어져 열리고', 우리 자신에서 벗어나 다른 이들에게 손을 내밀도록 부름받았습니다.

더욱더 의탁하십시오

코시츠키 신부는, 모든 것이 의탁을 통해 오며 우리가 서로를 더욱 사랑하고 다른 이들에게 더욱 완전하게 손을 내밀려면 그만큼 더 완전하게 의탁해야 한다고 확신했습니다. 그는 이를 잊지 않기 위해 할 수 있는 모든 일을 했으며, 주님께서 파우스티나 성녀에게 하신 큰 약속에 의존했습니다.

"내 자비의 은총은 다만 하나, 의탁이라는 그릇으로만 퍼낼 수 있다. 영혼들이 내게 의탁하면 할수록 그만큼 더 많이 받게 될 것이다."(『일기』 1578)

세 번째 비밀을 다루면서 이야기했던 '자비의 계약'을 기억할 겁니다. 이 계약 관계의 열매로, 그리스도는 그분이 우리에게 얼마나 많은 은총을 주실지 우리가 결정하도록 허락하십니다. 그리스도께서는 이에 대해 파우스티나 성녀가 놀라서 주춤할 만큼 강력하게 말씀하셨습니다.

"나는 네가 의탁하는 대로 할 것이다. 만일 너의 믿음이 크면, 나의 관대함도 한이 없을 것이다."(「일기」, 548)

"네가 그처럼 크나큰 신뢰를 가지고 나에게 의탁하고 있기 때문에, 나는 너에게 지속적으로 은총을 줄 수밖에 없다."(「일기」, 718)

"더욱더 의탁하라!" 이것이 코시츠키 신부의 '구호'가 되었습니다. 이것을 주제로 설교할 때가 많았으며, 영적 지도에서도 끊임없이 이 구호를 제시했습니다. 그의 은둔처에 있던 모든 방에는 주님께 의탁할 것을 상기시키는 3×5 사이즈의 작은 카드들이 가득했습니다. 그는 이 시각 자료 하나하나에도 써 두었습니다. "더욱더 의탁하라!"

왜 이렇게 의탁을 강조하는지 그 이유를 잊지 않고 마음에 간직하는 것이 중요합니다. 의탁은 자비의 문을 여는 열쇠입니다. 우리는 하느님의 자비를 받고, 우리를 통하여 널리 퍼뜨리도록 부름받았습니다. 더욱더 의탁할수록 우리는 더욱더 그렇게 할 수 있습니다. 자비롭다는 것은 다만 사람들에게 친절하게 대하는 것만을 의미하지 않습니다. 하느님과 일치로 동기가 부여되고 추동되지 않았다면 사회사업과 사회 정의도 부족합니다. 우리는 하늘에 계신 아버지께서 자비로우신 것처럼 우리도 자비로워야 한다고 부름받았습니다. 그분께서 우리를 그분의 사랑하시는 방식으로 채우시고 우리가 그것을 다른 이들에게 전할 수 있도록 우리는 그분을 의탁해야 합니다.

처음으로 돌아가 봅시다. 이제 결정의 때가 되었습니다. 핵심 질문에 더욱 완전하게 답해야 할 시간입니다. 아담과 하와 앞에 놓였던 질문, 마리아에게 제시되었던 질문, 그리스도께서 겟세마니에서 세 번이나 답하셨던 질문, 그 질문이 선택의 순간마다 우리를 기다리고 있습니다. "너는 누구를 섬겨야 하겠느냐?"

우리는 언제나 다시 대답합시다. "나와 내 집안은 주님을 섬기겠다."(여호 24,15)

프란치스코 교황이 즐겨 사용하는 구절이 있습니다. "우리 자신에게 물어봅시다." 자, 그렇게 해 봅시다. 나는 주님의 자비의 계획을 어떻게 섬기고 있습니까? 나는 영혼들을 향한 갈망을 지니신 그분을 어떻게 돕고 있습니까? 나는 더욱더 의탁하고자 노력하고 있습니까? 예수님이 사랑하시듯 사랑하고자 노력하고 있습니까? 그분이 용서하시듯 용서하고자 노력하고 있습니까?

나는 그분께 나를 자비로 가득 채우시고, 그리하여 그 자비를 다른 이들에게까지 널리 전하도록 청하고 있습니까? 내 심장이 주변 사람들의 상처에 찢겨 열리고, 그리하여 그들을 도울 수밖에 없도록 허락하고 있습니까?

나는 예수님과 함께 이렇게 말할 수 있습니까? "자비가 내 깊

은 곳에 가득 차 있고 내가 창조한 모든 것들 위로 쏟아져 내리고 있다."(『일기』, 1784)

저는 여러분 자신에게 계속 이 물음들을 묻도록 권장하면서, 제 딸 에린이 쓴 영성체 묵상을 제시하고자 합니다. 이 묵상은 언제나 제게 하느님 자비가 결국 무엇인가를 떠올리게 하는 좋은 길잡이가 되어 주었습니다.

넘쳐흐르기를[53]

내가 당신을 받아들이고도
당신을 품고 가서 세상에 전해 주지 않는다면
무슨 소용이 있을까요?
"마리아는 길을 떠나 서둘러… 갔다."
내가 사랑 안에서 당신과 결합하고도
형제를 사랑하지 않는다면
무슨 소용이 있을까요?
"세상 사람들이… 너희가 내 제자라는 것을 알게 될 것이다."
하느님의 선하심에 정말로 결합하고도
그 선하심을 나누지 않는 것이 가능하기나 할까요?
내가 일치를 이루고도

이전과 똑같은 나 자신으로 머문다면

그건 대체 무슨 일치일까요?

예수님,

내가 나인 채로 남아 있게 내버려 두지 말아 주세요.

당신과 진정한 일치를 위해 내 마음을 준비하도록 도와주세요.

고유하게 나를 통하여 이 세상에 당신을 드러낼 일치를.

당신이 내게 오시는데

내가 이웃에게 당신을 전하기를 거절한다면

무슨 소용이 있을까요?

주님, 당신이 채우시는데도

내가 넘쳐흐르지 않는다면

무슨 소용이 있을까요?

주(註)

1) 보드게임의 하나로, 참가자들이 두 개의 주사위를 던져 말을 움직이면서 각 칸에 적힌 명령이나 조건에 따라 게임용 돈을 가지고 자산을 거래하며 겨루는 놀이다. '감옥으로 직행'이라는 명령이 쓰인 칸에 놓일 경우 아무런 거래도 하지 못한 채 감옥 칸으로 이동해야 하며, 이후 세 번째 자기 차례가 돌아와야 감옥에서 나갈 수 있다. Go 칸은 처음 게임을 시작할 때 모든 말이 출발하는 칸으로 이후 전체를 한 바퀴 돌아 Go 칸을 다시 통과하거나 머물게 될 때 정해진 금액의 돈을 받는다. - 옮긴이
2) 신심을 뜻하는 라틴어 'devotio'는 본래 "헌신, 전념, 몰두"라는 뜻을 지닌다. 가톨릭대사전에서는 신심에 대해 이렇게 말하고 있다. "하느님의 신비나 하느님과 연관된 어떤 창조적 실재에 마음을 향함으로써 하느님을 섬기고 예배하려는 인간의 자세. 이는 하느님만을 찾고 그리스도만을 추종하려는 헌신적 생활 태도로 나타나며 희생과 봉사, 기도와 사도적 활동으로 표현된다." - 옮긴이
3) Pope john Paul II, Puebla (Boston, Daughters of St. Paul, 1979), p.86.
4) 「성무일도 II」, 제2독서(성 이레네오 주교의 저서 「이단자를 거슬러」에서), p.70.

5) 로마 미사 경본, p.551, 성찬 전례 때 사제가 성작에 포도주를 붓고 물을 조금 따르면서 속으로 외우는 기도문이다. - 옮긴이
6) 제2차 바티칸 공의회 문헌「교회에 관한 교의 헌장」이다. - 옮긴이
7) God Is Near US (San Francisco, Ignatius Press, 2003), p.137. 2001년 추기경 시절에 독일어 원서(Gott ist uns nah)가 출간되었다. - 옮긴이
8) 2005년 4월 26일 강론.
9) 「가톨릭 교회 교리서」, 759항. 한국어본에는 '성부께서 세우신 계획'으로 되어 있으나, 여기서는 영어본의 표현(plan born in the Father's Heart)을 살려서 번역했다. - 옮긴이
10) Gilbert Keith Chesterton : 1874~1936, 20세기 가장 영향력 있는 영국 문필가 가운데 한 사람으로, 가톨릭 사제 겸 탐정인 브라운 신부를 주인공으로 하는 일련의 추리 소설로도 유명하다. - 옮긴이
11) Holiness, Micah Stampley © 2005.
12) 한국어본에는 "자비는 예수님 안에서 생생하게 드러나 그 정점에 이르렀습니다."라고 번역되어 있지만, 여기서는 영어본의 표현을 살려서 번역했다. - 옮긴이
13) 1670년 폴란드에서 설립된 남자 수도회 '원죄 없으신 잉태의 마리아의 신부회'(Congregation of Marian Fathers of the Immaculate Conception)를 나타내는 약자. 이 수도회는 1941년 이후 공식적으로 하느님 자비의 메시지 전파를 담당하고 있다. - 옮긴이
14) "The Sacred Image of The Divine Mercy", Conference in Stockbridge, MA, 1991.
15) St. Basil, De Spirito Sancto, 45, p.32, 149C.
16) 바티칸, 2005년 5월 26일, 성체 성혈 대축일 행렬.
17) Letter from Fr. Michael Sopocko to Fr. Julian Chrosciechowsi, MIC, 1958.

18) Mother Teresa, A Life for God: The Mother Teresa Reader, compiled by LaVonne Neff (Ann Arbor, MI: Servant Publications, 1995), p.180.

19) Marguerite-Marie Alacoque : 1647~1690, 프랑스의 수녀였으며, 그리스도의 환시를 보고 예수 성심 신심을 전하는 데 큰 역할을 했다. – 옮긴이

20) National Shrine of The Divine Mercy : 미국 매사추세츠주에 위치한, 하느님 자비 신심 전파와 홍보 활동의 중심이 되는 대규모 기관 시설이다. – 옮긴이

21) Robert A. Stackpole STD, Divine Mercy, A Guide from Genesis to Benedict XVI (Stockbridge, MA: Marian Press, 2008), p.153.

22) Josepha Menendez, 1890~1923, 스페인 성심 수녀회 수녀였으며, 예수님께서 그녀에게 직접 하신 말씀을 기록한 「성심의 메시지」는 비오 12세 교황에 의해 교회의 인준을 받았다. – 옮긴이

23) Robert A. Stackpole STD, Divine Mercy, A Guide from Genesis to Benedict XVI (Stockbridge, MA: Marian Press, 2008), p.155.

24) 여기서 성막tabernacle은 구약 시대에 성전을 대신한 천막 안에 있는, 하느님께서 머무시던 성막을 말하며, 영어로는 오늘날의 감실 또한 같은 단어로 칭한다. – 옮긴이

25) Vinny Flynn, 21 Ways to Worship, A Guide to Eucharistic Adoration (Stockbridge, MA: MercySong. Ine., 2012), p.100.

26) Scott Hahn, "Salvation History: One Holy Family": http://www.star.ucl.ac.uk/~vgg/rc/aplgtc/hahn/m2/slvhst1.html. 두 단어 모두 '계약'이라고 번역되지만, 일반적으로 당사자들 가운데 한 사람이라도 계약 내용을 어길 경우에 전자의 계약은 파기되어 더 이상 유효하지 않지만, 후자는 여전히 유효하며 해소되지 않는다. 따라서 전자가 계약이라

는 의미 외에 청부, 약정 등의 의미로 사용되는 반면 후자는 맹세, 서약, 규약 등의 의미로 사용된다. - 옮긴이

27) 파우스티나 수녀는 성 요한 바오로 2세 교황에 의해 1993년 시복되었으며, 2000년에 시성되었다. - 옮긴이

28) 성 요한 바오로 2세 교황, 1997년 6월 7일 폴란드 하느님 자비의 전당.

29) Letter from Fr. Michael Sopocko to Fr. Julian Chrosciechowsi, MIC, April 1, 1955.

30) Letter from Fr. Michael Sopocko to Fr. Julian Chrosciechowsi, MIC, April 1, 1958.

31) Antonio Spadaro, S.J., America Magazine, September 30, 2013. 호르헤 마리오 베르골리오Jorge Mario Bergoglio는 프란치스코 교황의 이름이다. - 옮긴이

32) Mother Teresa, Varanasi Letter, March 25, 1993.

33) Thanatopsis : 미국의 저널리스트이자 낭만주의 시인 윌리엄 컬런 브라이언트(William Cullen Bryant, 1794~1878)가 쓴 시로, 그리스어 단어에서 제목을 가져왔다. - 옮긴이

34) Vinny Flynn, 7 Secrets of Confession (Stockbridge, MA, 2013), p.17.

35) © 1978 비니 플린

36) Vinny Flynn, 7 Secrets of Confession (Stockbridge, MA, 2013), p.18

37) Vinny Flynn, 7 Secrets of Confession (Stockbridge, MA, 2013), p.128

38) 우리말 성경에서는 큰아들이 아버지를 '아버지'라 칭하고 있으나, 영어 성경과 희랍어 성경 원문을 보면 큰아들의 말에서 '아버지'라는 단어가 등장하지 않고, 아버지를 가리킬 때는 모두 2인칭 대명사로 처리하고 있다. - 옮긴이

39) God Is Near US (San Francisco, Ignatius Press, 2003), p.137.

40) 영어에서 "그때와 지금"을 뜻하는 'now and then'은 관용구로 "가끔, 때때로"라는 의미로도 쓰인다. - 옮긴이

41) Rev. Ignacy Rozycki, Essential Features of the Devotion to the Divine Mercy (Stockbridge, MA Marian Press, 2000), p.19.

42) 보속satisfaction과 속죄atonement는 엄밀한 의미에서 같은 말은 아니지만 근본적으로 죄의 값을 치름으로써 죄에서 벗어난다는 같은 의미를 갖는다. - 옮긴이

43) Rev. Ignacy Rozycki, Essential Features of the Devotion to the Divine Mercy (Stockbridge, MA Marian Press, 2000), p.24-25.

44) 가경자 첼라노의 토마스(Celano Thomas, 1185~1260)는 프란치스코회 수사이자 시인이었으며, 특히 아시시의 프란치스코 성인의 전기를 저술한 것으로 유명하다. 디에스 이레Dies Irae는 "진노의 날"이라는 뜻으로, 그가 쓴 것으로 알려진 라틴 성가이다. 마지막 심판의 날을 묘사하고 있어 오랫동안 장례 미사에 많이 사용되었다. - 옮긴이

45) 교황이 내리는 강복으로 이 강복을 받은 이에게는 전대사가 주어진다. - 옮긴이

46) Rev. Ignacy Rozycki, Essential Features of the Devotion to the Divine Mercy (Stockbridge, MA Marian Press, 2000), p.20-21.

47) Dr. Robert Stackpole, "On Going to Confession Before Mercy Sunday", March 28, 2007: http://www.thedivinemercy.org/news/On-Going-to-Confession-Before-Mercy-Sunday-2618.

48) Rev. Ignacy Rozycki, The Divine Mercy Message and Devotion, p.41

49) Vinny Flynn, 21 Ways to Worship, A Guide to Eucharistic Adoration (Stockbridge, MA: MercySong, Inc., 2012)

50) 일반적으로는 강력 폭약trinitrotoluene을 나타내는 약어이다. - 옮긴이

51) 성체 강복이나, 성체 현시, 성체 행렬 등에서 신자들에게 성체를 보여 줄 목적으로 만든 제구. 성체를 끼워 넣는 가운데 동그란 부분이 투명하게 되어 있으며, 보통은 그 주변으로 햇살이 뻗어나가는 것처럼 보이는 금빛 장식을 한다. – 옮긴이

52) 'his heart is wrenched open' : Pope Benedict XVI, Jesus of Nazareth (New York: Doubleday, 2007), p.197.

53) ⓒ Erin Flynn